あるある事例を徹底解説！

弁護士が教える
ケアマネのための

高齢者生活トラブル
対応・予防のポイント

真下 美由起 ［著］

高室 成幸 ［編集協力］

第一法規

はじめに

1　本書への思い

　平成26年にケアタウン総合研究所の高室成幸先生の監修のもと、『悩み解消ケアマネジャーのための成年後見29事例』(筒井書房)を出版しました。その際に高室先生のお声かけにより、ケアマネジャー7人にお集まりいただき、成年後見制度にまつわる実際に体験した、対応が難しかったケースのお話をうかがいました。高齢者の家族(内縁)、愛人の口出し、宗教との関わりなど、十人十色の高齢者の生活状況と問題に密着した、まさに生の事実でした。

　その場にお集まりいただいたケアマネジャーは皆さん優秀で知識も経験も豊富な方々でしたが、その彼らをもってしても、対応、特に高齢者を取り巻く人々への説明に苦慮すべき場面が多くあったのでした。

　高齢者が10人いたら、考慮しなければいけない要素・問題も10通りあるでしょう。それをケアマネジャーは一人で受け止め、悩みながら、利用者のための最適解を求めていく。高齢者に一番近い存在であるからこそ、やりがいも大きいが悩みも多い。それがケアマネジャーなのです。

　本書は、そのような高齢者福祉の最前線で働くケアマネジャーが、「見て見ぬふりはできない、どうしたらいいんだろう?」と不安に思う高齢者にまつわるトラブルについての指針となり、対応方法を家族等へ説明する資料として使える本を作りたいとの思いで出版しました。

2　本書の使い方

　このように本書は、「高齢者福祉の最前線に立つケアマネジャーにすぐに役立つ実践的な本」を目指して作られました。

　ケアマネジャーが実際に経験するであろう高齢者にまつわるトラブルを弁護士の視点で解説し、ケアマネジャーに自らの仕事の進め方に安心感を持ってもらう、または、トラブルを抱えている高齢者や家族に本書を示して「ね、ここにこう書いてあるから、こうした方がいいですよ」と説明する材料にしてもら

うことを目的として、高室先生と共に本書の構成を決めました。

　本書では、23の「あるある事例」を設け、事例ごとに基本的な解説と
Q&A、そして最後に高室先生から現場に即したアドバイスとして「ムロさん
の支援ポイント」を設けています。

　本書は最初から最後までを通読するような本ではありません。必要な時に、
該当箇所を開けて、自分を納得させる、または利用者やそのご家族等に示して
説明して活用してください。

　　　　　　　　　　　　　　　　　　　　弁護士　真下　美由起

本書における法令略称一覧

法令略称	正式名称
特定商取引法	特定商取引に関する法律
道交法	道路交通法
ストーカー規制法	ストーカー行為等の規制等に関する法律
男女雇用機会均等法	雇用の分野における男女の均等な機会及び待遇の確保等に関する法律
個人情報保護法	個人情報の保護に関する法律
高齢者虐待防止法	高齢者虐待の防止、高齢者の養護者に対する支援等に関する法律

contents **目次**

第 **1** 章

高齢者トラブルの
いろいろ

1 高齢者トラブルに対処する際に忘れてはいけないこと

　本書は、「はじめに」で記したように、「必要な時に該当箇所を確認する」ための本なので、制度自体について詳しく解説していません。

　しかし、読者の皆様には高齢者福祉制度の屋台骨である「自己決定権の尊重」と「ノーマライゼーション」を常に念頭に置いて業務を行って欲しいと願っています。

　たとえ認知機能に衰えが出てきている高齢者であっても、「自分のことは自分で決める自己決定権」があります。私たち高齢者の周りにいる人間は、そのような高齢者が「自己決定」するお手伝いをするのです。

　ケアマネジャーとして高齢者やそのご家族と接すると、ご家族が高齢者の意思を無視して物事を進めようとする場面に出くわすかもしれません。

　もちろん、高齢者本人の希望ばかりを聞いていては、現実の生活が営めないという場合もあるでしょう。

　それでも、高齢者本人の本当の思いはどこにあるのか。それを見極めたうえで、家庭の状況、家族の思いを受け止めて、高齢者が家族・社会から孤立しないで生活できる現実的なケアプランを期待したいと思います。

　場合によっては、高齢者の思いと家族の思いが食い違い、家族の思いばかりが先走っていることもあるかもしれません。そのような時は、本書も利用しながら、高齢者の自己決定権を尊重するべく、毅然と対応してください。

　その際には「ノーマライゼーション」の視点を忘れないようにしてください。

　心身の機能に衰えが出ている高齢者・障害者も健常者と同じような生活をおくれるように必要なケアを提供する。この視点を大事にしてください。そのためには、利用者がこれまでどのような生活をしてきたか、本人がどのような生活を送りたいと希望しているか、きちんと聞き取ることが大切です。

　認知機能に問題のない利用者には、後々、自分の思いを伝えにくくなったときに備えて、メモリアルノートなどを使って、自分の思いを文字や写真などで表しておくことを勧めるのも、有意義な方法だと思います。

2　高齢者トラブルにまつわる法的考え方

　高齢者の生のトラブルに直面するケアマネジャーだからこそ、誰にどう相談していいのかわからず、ひとりで抱え込んでしまうことも多いだろうと思います。

　しかし、適切かつ迅速な解決のためには、法制度を利用することが必要な場合も多くあります。逆に、法制度を利用すれば解決できる問題も多いのです。

　本書では個別具体的な法制度について詳細な解説はしていませんが、ここで基本的な法律の考え方を説明したいと思います。

(1) 契約にまつわる基本的な考え方

　契約にまつわる法律の基本的な考え方には、契約とは何なのか、誰が契約当事者なのか、どういう場合に、どうやって、誰が契約を取り消せるのか、ということを正しく理解しておくことが重要です。

①意思表示の問題

　数年前、私の自宅近くに期間限定の健康食品店がオープンしました。チラシが入ったので見ると、とても良さそうな健康食品が半額以下！　私も行ってみたくなりました。しかし、外から店舗の中は見えないようになっていて、偶然入り口から覗いた店内は椅子がずらりと並べられているだけ。しかも入出店できる時間は決まっています。

　そしてオープン初日。その店の前には朝早くから、近所にこんなにお年寄りが住んでいたの？　と驚くほどの長蛇の列ができました。

　しばらくして、一旦お店は閉店。しかしすぐに名前を変えて同じ形態のお店がオープン。お年寄りによる長蛇の列。というのが数カ月にわたり、数回繰り返されました。怪しさ満点です。このような店舗はいわゆる「催眠商法」と言われる詐欺手口を使った販売をしていることが多いのです。

　私は毎朝の入店待ちの行列を見るたびに胸が痛くて、並んでいるお年寄り達に声を掛けたくて仕方ありませんでした。

　読者の方にも、この光景がやすやすと目に浮かぶという方が多くいらっしゃると思います。

このような、お年寄りの正常な判断を奪っての商品売買がなされた形跡を感じたことがあるケアマネジャーは多いのではないでしょうか。

　「なんとかしないと！」、「お金を取り返さないと！」と思うことでしょう。

　では、どうやったら商品を返してお金を取り戻せるのでしょうか。

　健康食品の購入も「売買」という契約です。このほか、家を借りる「賃貸借」も、人にお金をあげる「贈与」も、人にお金を貸す「消費貸借」も契約です。

　契約行為の多くは「意思の合致」によって成立します。

　売買を例にすると、ある商品を「売ります」という意思表示と「買います」という意思表示が合致して売買契約が有効に成立します。

　この「売ります」、「買います」という意思表示に食い違いがある場合は錯誤に、食い違いが生じる原因に騙す行為がある場合は詐欺になり、「売ります」、「買います」という意思表示が無効、または取り消すことにより、契約自体がなかったことになります。

　先の健康食品の例で、例えば商品の品質がチラシに謳ってあるものと大きく違い、「本当の品質を知っていたら、その値段では買わなかった」という場合には詐欺（または錯誤）として、「買います」という意志表示を取り消して（または無効として）契約がなかったことにしてお金を取り戻すのです。

　先の健康食品店では、「買わないと帰れない」という状況が作られていたかもしれません。その場合は脅迫による意思表示の取消もあり得るかもしれません。

　もっとも、このような意思表示の瑕疵を理由に契約をなかったことにするのは、なかなか大変です。

　実際に契約の無効を主張して払ったお金を取り戻すためには、

　①相手を特定する（売主の住所、名前など）

　②弁護士から内容証明で「意思表示は無効（または取り消す）。払った金を
　　返せ」という通知を出す

　③相手がお金を返さない場合は、訴訟等の法的手続きを取る

という手続きが必要になりますが、③の訴訟は「証拠があるかどうか」で判断されます。そして「意思」という目に見えない気持ち・考え方の変遷を客観的

な証拠で立証するのは、難しいことが多いのです。

この「内心の気持ち」の「客観的証明」を必要とせずに契約をなかったことにできるのが「成年後見制度」です。

「成年被後見人がした意思表示は無効」として、成年被後見人がした「買います」という意思表示を無効にするのです。成年被後見人であることは登記で明らかにできるので、立証の困難さはありません。

②契約の当事者

上記の「意思表示」の結果は「意思表示をした本人」にのみ帰属するのが法の建前です。

これは、契約をするのが高齢者本人であれば、契約内容を変更するのも、解約・無効を主張するのもその高齢者本人であることを意味します。

先の健康食品の例でいうと、買ったのが高齢者本人なら、詐欺や錯誤を主張するのも高齢者本人です（成年被後見人の意思表示であることを主張するのは成年後見人）。

同じように、実際にサービス提供事業者と契約をするのは高齢者本人です。そしてケアプランを変更したり、解約するのも高齢者本人です。

もし、高齢者本人に、契約の意味・内容を理解する判断能力がなくなっている場合には、先の成年後見人による契約行為が必要となります。

実際には家族が「代理人」として契約行為を行うことも多いと思います。

しかし本来、家族が「代理人」となるためには、「代理契約」が有効、すなわち、「この人を私の代理人にする」という、高齢者本人の意思が必要なのです。

読者の皆さんは、この法の建前はぜひ忘れずにいてください。

仮に、高齢者が必要としているケアサービスを、家族が「代理人」として解約しようとする時などは、このことを忘れずに対応して欲しいと思います。

(2) 不法行為にまつわる基本的な考え方

「高齢者が人に損害を与えてしまっても、認知症だと責任を負わなくてよい」と思っているご家族もいらっしゃるかもしれません。

本当にそうでしょうか？

不法行為責任とは、契約関係にない当事者間で、一方が違法なことをして相手に損害を与えてしまった場合に、その損害をお金で賠償することです。

　そして、この不法行為責任が認められるためには、

　①人に損害を与えてしまった行為をしたこと

　②損害が発生したこと

　③損害の発生が、その行為によって発生したと言えること（因果関係）

　④行為が故意（わざと）・過失（うっかり）によって行われたこと

　⑤損害を与えてしまった行為が違法であること

　⑥行為をした人に責任能力があること

の要件を満たす必要があります。

　高齢者トラブルで問題となるのは、このうち⑥の責任能力の有無が多いでしょう。

　果たして、「認知症だから責任を負わない」は正しい理解でしょうか。

　この点、法律上責任能力が否定されるのは、「精神上の障害により自己の行為の責任を弁識する能力を欠く状態にある」（民法713条）場合です。

　不法行為をした時に責任能力のない状態でなければ不法行為責任を負いますし、成年被後見人も、不法行為の時に判断できる状態であれば不法行為責任を負います。

　「認知症」の診断を受けているからといって、必ず責任能力が否定されるとは限らないのです。

　また、違法な行為を行った高齢者自身は責任能力がないとして不法行為責任を負わないとしても、高齢者と同居して介護を行っている者が不法行為責任を負う場合もあります。

（3）刑事責任について

　高齢者が刑法等に規定されている犯罪行為を行った場合にも、高齢者だからといって刑に服さないということがあるのでしょうか。

　ある行為が刑法等の犯罪行為を規定する法律によって「犯罪行為」と認められる時、その行為を行った者が刑事責任を負うかを判断する際に「責任能力があるかどうか」が問題となる場面があります。

　高齢者の刑事事件トラブルの場合にも、この「責任能力の有無」が問題とな

ることがあるでしょう。

　刑事責任においても、精神上の障害により物事の是非善悪の判断がつかず、または判断に従って行為することができない「心神喪失者」は責任能力が否定され、その能力が著しく劣っている「心神耗弱者」は刑が減軽されます。

　「認知症だから責任を負わない」のではなく、行為時の精神状態によって判断されるので、認知症高齢者でも刑事責任を負う可能性は十分にあります。

　実際に、高齢者による万引き等の犯罪行為は多く、受刑者に占める高齢者の割合も15％程度あるので、なかには認知症高齢者も含まれているでしょう。

　もっとも、高齢者が犯罪行為を行ってしまったら、必ず服役するかというと、それも違います。

　刑事事件の流れは、警察が犯罪行為の捜査を行って、検察官に送致するのですが、警察が捜査を行ったすべての犯罪行為が検察官に送致されるわけではありません。また、検察官が送致されてきた犯罪行為について、刑事裁判を求める訴追をするか決めますが、様々な事情を考慮して不起訴処分とする事件もあります。

　検挙された高齢者の犯罪行為について、不起訴処分がなされる割合は、他の年齢層の犯罪行為に比べて高いのも事実です。

　しかし「認知症だから刑事罰に服さない」ということではないのです。

3　他機関との連携

　その他、ごみ問題や虐待など、直ちに法律問題として対処するよりも、他の機関と連携することでスムーズに解決できる場合もあります。

　高齢者にまつわるトラブルに直面したときには、くれぐれもひとりで抱え込まないで、地域の社会福祉協議会や地域包括支援センター、弁護士などの法律専門家に相談して、連携を取りながら対応するようにしてください。

第 **2** 章

高齢者トラブル 「あるある事例」から学ぶ 予防と対策のポイント

テレビショッピングで
不用品を買い込んでしまった

ひとり暮らしのＡさん（79歳・女性：要介護１）宅を訪問した
際、同じ社名が書かれた複数の段ボール箱があることに気づい
た。確認したところ、Ａさん自身がテレビショッピングで注文し
たものとのことだった。量が多すぎると感じたため、近くに住む
Ａさんの長女に連絡。長女は届けられたものがすべてＡさんが注
文した商品であること、すでに支払い済みのものと、現時点で未
払いのものがあることを確認した。Ａさんは買いすぎたことを後
悔しているが、返品や返金は可能？

これだけはおさえよう

テレビショッピングの契約解除ができるのは
番組などの中で、一定の項目の表示がなかった場合

　テレビショッピングで購入したものの解除（＝理由を問わない
返品）が認められるのは、商品を紹介する際、①返品の可否、②
返品の条件、③返品にかかる送料負担の有無のいずれかが表示さ
れていない場合です（特定商取引法11条）。ただし契約を解除で
きるのは、商品を受け取ってから８日間。さらに、返送する際の送
料は消費者が負担しなければなりません（特定商取引法15条の３）。

　上記①〜③のうち、①または②については表示がある場合、表
示があるものに関しては示された条件に従う必要があります。

　たとえば、「商品到着後５日間に限り返品可」とされているな
ら、返品理由は問わないけれど、契約解除が可能なのは５日間、
ということになります。

Q uestion

クーリング・オフ制度を利用して
買ったものを返品することはできる？

A nswer

クーリング・オフ制度は
テレビショッピングには適用されない

　訪問販売や電話勧誘販売などで販売されたものについては、「クーリング・オフ制度」の利用ができます[1]。クーリング・オフとは、契約から一定期間内であれば、消費者が一方的に契約を解除することができる制度です[2]。契約解除の理由は問わず、支払い済みの料金は返金されます。

　ただしテレビショッピングは、業者が訪ねてきたり、強引な勧誘を受けたりするわけではありません。放送される内容を見て、消費者自身の判断で申し込みができるため、クーリング・オフの対象にはなりません。

1）特定商取引法 9
　条、24条

2）具体的な方法は32
　頁参照

Q uestion

商品のよさを実際以上に強調するような
あおり文句に問題はない？

A nswer

商品をほめる演出に乗せられて
買ったとしても、契約解除はできない

　消費者契約法では、消費者が勧誘によって「誤認」または「困惑」に陥って契約した場合、その契約は取り消しが可能、とされています[1]。でも、テレビショッピングでよく使われる「すばらしい商品です！」などのコメントは、「誤認や困惑を招く」ものにはあたりません。消費者自身が番組を見たうえで判断した

1）消費者契約法 4 条
　1 〜 3 項

ものとみなされるため、番組のあおり文句は、契約解
除の理由にはなりません。

 Q uestion｜金利などを含めた支払額が
はっきりと表示されていなかったときは？

 A nswer｜分割払いの金利や手数料などが
表示されていない場合も契約解除が可能

　支払い方法として分割払いを選択した場合、商品の
価格に加えて「金利」が加算されます。通常は「一括
払い：99,800円、10回払い：初回10,730円、10,300円
×9回」などと金利を含めた金額が表示されます（ク
レジットカードの分割払いを利用する場合は、販売元
ではなく各カード会社の規約が適用される）。

　でも仮に、料金に関する表示が「一括払い：99,800
円、分割払いも可能」のようなものだった場合、分割
払いで購入した人に限り、契約の取り消し（返品）が
可能です[1]。これは金利や手数料なども含めた支払い
額が、契約の際の「重要事項」にあたるため。具体的
にいくらかかるのかわかるように表示されていない限
り、消費者契約法における「重要事項に関する不実な
告知」[2]とみなされるので、契約を取り消すことが可
能になります。

1) 消費者契約法4条
　 1項

2) 消費者契約法4条
　 1項1号

Q
uestion

届いた商品の性能がテレビで
紹介されていたものより劣っているときは？

A
nswer

商品に問題があった場合も
契約解除が可能

　返品に関する条件や重要事項が正しく表示されてい
たとしても、手元に届いた商品そのものに「瑕疵（何
らかの欠陥や不具合）」があった場合は、修理・交換
や契約の解除が可能です[1]。瑕疵とみなされるものに
は、商品がこわれている、テレビで紹介されていたも
のとは外見や性能が違う、などがあります。

1）民法541条

ムロさん
の
支援ポイント

　ものを買いすぎる理由としては、買い物が好き、不安を解消する
ため、買ったことを忘れてしまっている、などが考えられます。
ただしいずれの場合も、本人にとっては「ほしかったもの」であ
ることを忘れてはいけません。Aさんと接する際は、**「不用品」**
と決めつけないように注意しましょう。「次に買うときは、ヘル
パーやケアマネに気軽に相談してみてくださいね」などと伝えて
おくことで、買いすぎの防止につなげられることもあります。

クレジットカードで
高額の買いものをしてしまった

　Aさん（77歳・女性：要介護1）と同居する長女から、Aさんの買いものについて相談を受けた。Aさん宛てのクレジットカードの利用明細を見たところ、高額の引き落としがあった。本人に確認したところ、アクセサリーを買ったという。商品は一度も使わずに保管してあり、今では本人も返品を希望している。返品や返金の相談をする場合、その相手は商品を買った店？　それともカード会社？

これだけはおさえよう

クレジットカードでの買い物には
店と消費者に加え、カード会社が関わっている

　買いものは契約の一種ですが、その中でもクレジットカードを使うものは「クレジットカード契約」と呼ばれます。現金での買いものは、商品を提供する店と消費者の間で売買契約が成り立ちます。これに対してクレジットカードでの買いものは、次のようなしくみになっています。

①カード会員である消費者が、店から商品を受け取る
②店からカード会社に購入者や購入金額のデータが送信される
③カード会社から店に、代金が支払われる
④カード会社から会員へ、請求書が送られる
⑤会員がカード会社に代金を支払う

　こうした流れであるため、カード会社から店への支払いと、会員からカード会社への支払い時期にはズレがあります。また、商品を買った人は、店ではなくカード会社に支払います。

Q
uestion

代金が引き落とされてしまってからでも
返品することはできる？

A
nswer

代金を支払い済みなら
買った店に相談してみる

　カード会員である消費者がクレジットカード会社への支払いを終えている場合は、消費者と店の間で話し合いをすることになります。クレジットカード会社は「店への代金の支払い」「会員からの集金」という役割を終えているため、それ以降に発生した問題について責任を問われることはないからです。

　返品を希望する場合は、できるだけ早く店に相談しましょう。消費者側の都合で返品できるのは、店側がそれを受け入れた場合です。店側が返品（売買契約の解約）を承知すれば、消費者は商品を店に返し、クレジットカード会社に支払った商品の代金は、店から直接受けとります。

　ただし、店が返品の希望に応じないこともあるかもしれません。消費者自身が店に出向き、自分で選んだものを買った場合、その売買契約に関して、店に法的な問題はありません。そのため、店側の合意がなければ、「やっぱり不要だから」という理由で返品することはできないのです。

Q
uestion

代金を引き落とされる前に返品した場合、
カード会社への支払いはどうなる？

A
nswer

支払いを止める手続きを
消費者自身が行う

　買った店の合意がなければ返品できないのは、支払い済みの場合と同じ。店側が返品に合意したら、消費者は商品を店に返します。その後、カード会社に「支払い停止の抗弁」[1] を行う必要があります[2]。

　「支払い停止の抗弁」は、書面で行います。多くの場合、カード会社のホームページなどにフォームが用意されています。ダウンロードして必要事項を記入し、指定された送付先に郵送します。この書類が受理されれば、代金が引き落とされることはありません。

1）消費者と事業者の
　　クレジットを利用
　　した契約で購入し
　　た商品を引き渡し
　　てもらえない等の
　　トラブルが発生し
　　たとき、トラブル
　　が解決するまでの
　　間、消費者がクレ
　　ジット会社へ代金
　　の支払い停止を申
　　し出ること
2）割賦販売法30条の
　　4

Q
uestion

商品を買った人が
成年後見制度の被後見人だった場合は？

A
nswer

本人にかわって、後見人が
売買契約を取り消すことができる

　買いものをした人が成年後見制度の被後見人だった場合は、店側の同意がなくても、返品・返金が可能です[1]。成年後見制度の被後見人は、日用品の買いもの以外は自分だけの判断で契約をすることができないため、後見人の同意なしに買った高価なアクセサリーについては、後見人が売買契約を取り消すことができるのです。クレジットカードを使った場合、支払い前でも支払い済みでも、取り消しは可能。取り消された契

1）民法９条

約は「なかったこと」になるため、消費者（被後見
人）は店に商品を返し、店やカード会社はその代金を
返金します。

　成年後見制度の被後見人の場合、返品するのは「現
存利益」でよいことになっています[2]。現存利益とは、
「今、手元に利益として残っているもの」のこと。つ
まり、もち帰った商品を使ったり傷つけたりしてし
まっていたとしても、「今、手元にある状態」で返品
すればよいことになります。ただし被後見人が、「自
分には判断能力がある」と思わせる発言をするなど、
店側をだますような行為をしていた場合は、後見人に
よる売買契約の取り消しが認められないこともありま
す[3]。

2 ）民法121条の 2 第
　　3 項

3 ）民法21条

**ムロさん
の
支援ポイント**

キャッシュレス決済の普及とともに、クレジットカードも生活必
需品になっています。トラブルを防ぐためであっても、カードな
しの生活は不自由です。使いすぎや高額の買いものが心配な場合
は、**利用限度額の引き下げ**が有効。Ａさんと話し合ったうえで限
度額を変更することを、ご家族に提案してみてもよいでしょう。
同時に、トラブルが起こった場合に備えて、カード使用時は**利用
明細を保管**しておくことをＡさんに伝えておきましょう。

屋根の点検業者に
高額の工事をされてしまった

妻（73歳）とふたり暮らしのＡさん（77歳・男性：要支援１）
は、訪ねてきた業者に屋根の無料点検を勧められた。点検後、
「屋根のひび割れから雨漏りしている」「このままにしておくと家
全体がだめになる」などと言われて不安になり、その場で補修工
事の契約をしてしまった。契約後、見積もりの費用が高額なこと
が不安になり、いったん解約して検討することを希望している。

これだけはおさえよう

工事の内容などに関するうその説明が
あった場合は取り消しが可能

　無料点検を口実に家に上がり込み、不安をあおるようなことを
言って高額の契約に持ち込むやり方は、「点検商法」などと呼ば
れています。点検商法でとくに狙われやすいのが、高齢者世帯で
す。ものを買ったりサービス（工事などを含む）を利用したりす
る場合、買う側と、ものやサービスを提供する側の間に売買契約
や役務提供契約が結ばれることになります。ただしその際、消費
者側が十分な情報を得ていないことがあります。そのため、事業
者が情報などの面で優位な立場を利用して消費者にとって不利な
契約を結んだ場合、その契約は取り消すことができることになっ
ています（消費者契約法４条）。

　この事例では、業者が言ったことがすべて事実だったら問題あ
りませんが、実際には屋根にひび割れがないなど、工事の内容な
どに関するうそがあった場合は「重要事項に関する不実な告知」
があったとみなされるため、契約を取り消すことができます。

説明にうそがあるかどうかわからない場合、解約することはできない？

契約から8日以内ならクーリング・オフが可能なこともある

　業者の態度や見積もりの内容に不信感を覚えるけれど、現状や工事内容などの説明にうそがあるかどうかわからない、ということもあるかもしれません。屋根の補修工事のようなケースでは、①訪問販売であること、②契約日から8日以内であること、の2点を満たせば、「クーリング・オフ制度」によって契約を解除することができます[1]。クーリング・オフでは、理由を問わず消費者側から一方的に契約を解除することができます[2]。

1) 特定商取引法9条
1項

2) 具体的な方法は32
頁参照

点検商法の業者が訪ねてきたことを、どこかに報告または通報するべき？

同様のトラブルを防ぐため国民生活センターに連絡を

　点検商法と思われる業者が訪ねてきたときは、早めに「消費者ホットライン」[1]や地域の「消費生活センター」に連絡しましょう。対処法に関するアドバイスを受けられるほか、提供した情報は今後の再発防止に役立てられます。また国民生活センターでは、「重要消費者問題」と判断された事例に限り、被害者と協力して相手業者と交渉してくれる「ADR（裁判外紛争解決手段）」というサポートを受けることもできます。

1)「188（局番なし）」
に電話をすると、
近くの消費生活相
談窓口を案内して
もらえる

「重要消費者問題」とみなされないものに関しては、国民生活センターから直接交渉してもらうことはできませんが、近くの消費生活センターではその他の必要なアドバイスを受けることができます。すでに支払ってしまったお金をとり返したい、契約解除などに関するサポートをしてほしい、といった場合は、弁護士に相談しましょう。

Q uestion
施工業者が不安をあおるような
説明をしたことに問題はない？

A nswer
契約内容に関わるうそがない場合は
取り消しの理由にならない

　注意が必要なのは、消費者契約法による契約の取り消しが認められるのは、「重要事項に関する不実告知」などがあった場合である、ということです[1]。たとえば、実際には瓦を1枚とりかえればよい程度の小さなひびなのに、「屋根が崩れかけているので、瓦をすべて取りかえないと危険」などと大げさに伝えて大がかりな工事をする、というようなケースがこれにあたります。工事の内容や費用は、瓦を何枚とりかえるかによって大きくかわってくるはず。その点において、事実と異なる説明があってはいけないのです。

　ただし「小さなひびがある」としたうえで「地震が来たら崩れるかもしれません」などと不安をあおるようなことを言っただけでは、契約の取り消し事由になりません。消費者契約法で「不実告知」とされるのは、あくまで「契約内容」にかかわる点だからです。

　消費者にしてみれば、「地震が来たら崩れるかも」

1）消費者契約法4条
　1項1号

28

などと言われたから契約を決意したのかもしれません。でも不安をあおるような言葉は、あくまで契約の「動機付け」に影響するもの。「瓦を何枚かえるか」という契約内容に直接かかわるものではないのです。

 uestion　契約に問題があっても、工事が
済んでしまっていたら返金を求めることはできない？

 nswer　工事が済んでしまっていても
「不必要な施工」についての報酬はとり返せる

　点検商法の場合、工事などが済んでから問題に気づくこともあります。クーリング・オフが可能な期間内なら適切な手続きをすれば、たとえ工事が終わっていても料金を支払う必要はありません[1]。また、工事前の状態に戻すことを希望する場合は、原状回復のための工事を無償で請求することができます[2]。

　クーリング・オフの期間を過ぎていても、工事内容に関する説明にうそがあったと気づいた時から1年間は、契約の取り消しと返金を求めることが可能です[3]。ただし実際に補修が必要な箇所を含む工事をしている場合、工事の効果が出ている部分については料金を支払う必要があります。たとえば「瓦を1枚とりかえればすむところを、20枚とりかえる工事」をした場合、本当に必要だった「瓦を1枚とりかえる工事」に対しての料金は負担しなければなりません。

　クーリング・オフの期間を過ぎてからの契約取り消しは、適切な方法で行う必要があります。個人では難しい部分があるため、弁護士に相談するとよいでしょう。また、契約の取り消しや返金を求める場合は相手

1）特定商取引法9条
　1項・5項

2）特定商取引法9条
　7項

3）特定商取引法9条
　6項

を特定する必要があるため、名刺や見積書など、事業
者側から渡されたものはすべて保管しておくことも大
切です。

**ムロさん
の
支援ポイント**

「点検商法」では、高齢者世帯がターゲットにされる傾向があります。さらに問題なのは、点検業者と一度でも契約すると、屋根の次は耐震工事、次はシロアリ、次は消火器……と、**さまざまな業者に狙われがち**なことです。ケアマネにできるのは、二次被害や周囲への拡大を防ぐこと。点検商法の被害を知ったら、すぐに地域包括支援センターや社会福祉協議会に報告を。町内会などに働きかけてもらい、**連携して再発防止**に努めましょう。

case **04** 訪問してきた業者に
宝飾品を安く売ってしまった

エピソード

Aさん（79歳・女性：要支援1）は、ひとり暮らし。先日、アポイントなしで自宅に宝飾品の買い取り業者が訪ねてきた。「鑑定だけ」などと言われて手持ちの宝飾品を見せてしまい、勧められるままに指輪などを5点売ってしまった。Aさんによると、買ったときにくらべてかなり安い金額を提示されたそう。一度は断ったけれど、業者がしつこかったため、「早く帰ってほしい」という気持ちから売ってしまった、とのこと。手放したものの中には大切な品もあり、できれば取り返したい、と言っているが……。

これだけはおさえよう

売った日から8日以内なら
クーリング・オフが可能

　購入業者が消費者の自宅などを訪ねて品物を買いとることを、「訪問購入」といいます。訪問購入のうち、消費者の意思を無視して強引に買い取りを行うようなものは「押し買い」と呼ばれ、法律で規制されています（特定商取引法58条の4）。
　商品を「買わされる」訪問販売や電話勧誘による販売と同様、「売らされる」押し買いに対しても、「クーリング・オフ制度」が適用されます。クーリング・オフ制度では、クーリング・オフを求めるはがきなどを発信した日が契約してから8日以内なら理由を問わずに契約を解除する（＝返品して返金を求める）ことができます（特定商取引法58条の14）。

Q uestion | クーリング・オフの手続きは
どのようにすればいい？

A nswer | 必要事項を記載したはがきを
買い取り業者に送ればよい

　クーリング・オフの手続きは簡単なので、弁護士など専門家の手を借りずに行うことができます。手順は以下の通りです。

①はがきの裏面に下記の必要事項を記載する（訪問購入の場合）

　A　契約を解除すること

　B　契約年月日（買い取りなどの契約に関する書面の受領日）

　C　品物の名称と買取価格

　D　買取業者（企業名、担当名）

　E　引き渡し済みの商品の返還を希望すること（商品を引き渡し済みの場合のみ）

　F　はがきを書いた日の日付

　G　契約解除を希望する本人（売り手）の住所、氏名

②宛名は買い取り業者の代表者

③はがきの両面をコピーする

④クーリング・オフが可能な期間内に、「特定記録郵便」または「簡易書留」で送る

※2021年の特定商取引法の改正によって同様の内容を記載した電子メール等でのクーリング・オフも可能になります（施行日は令和4年6月15日までの範囲で政令で定める日）。

クーリング・オフを求めるはがきの見本

通知書

次の契約を解除します。

契約年月日　　〇〇年〇月〇日
書面受領日　　〇〇年〇月〇日
商品名　　　　〇〇〇〇〇
　　　　　　　〇〇〇〇〇〇〇円
買取会社　　　株式会社××××　　□□営業所
　　　　　　　　　　　担当者　△△△△△△

引き渡し済みの商品をご返還ください。
〇〇年〇月〇日

〇〇県〇市〇町〇丁目〇番〇号
氏名　〇〇〇〇〇〇

 uestion ┆ 自分から品物の査定を依頼した場合は
しつこい買い取りも問題にならない？

 nswer ┆ 買い取り業者は
依頼をこえる勧誘をしてはいけない

　依頼したのが「査定」だけの場合、消費者側に「ものを買ってほしい」という意思表示をしたとはみなされません。業者が訪問して査定をすることは問題ありませんが、品物を売るように勧誘することは認められ

ていません[1]。また、この事例のように「売らない」という意思表示をした人に対して、売ることを繰り返し勧める行為も禁止されています[2]。

1）特定商取引法58条の6第1項

2）特定商取引法58条の6第3項

 売ったものの
買い取り金額が納得できないときは？

 査定金額を了解した場合
契約の取り消しなどは難しい

　押し買いでは、不当に安い金額で買い取りが行われることもあります。でも、査定されて了承した金額が支払われている場合、業者は約束を果たしたことになり、契約不履行にはあたりません。そもそもの査定額に問題がある、という場合は詐欺や錯誤（勘違い）などによる契約の取り消しを行う必要があります。ただし、ものの価値の感じ方は人それぞれ。鑑定書付きの宝石や美術品でない限り、査定額が「安すぎた」ことを証明するのは難しいでしょう。

 売ることを断っても
業者が帰ろうとしないときは？

 意思表示をしても帰らない場合は
警察に通報してよい

　依頼していないのに訪ねてきた業者は、強引に上がり込もうとしたり居座ったりすることがあります。こうした場合は、まず「帰ってください」とはっきり伝

え、それでも帰らない場合は、110番通報してもよい
でしょう。

　帰ってほしいと言われたのに居座ることは、「不退
去罪」にあたります。不退去罪は、室内はもちろん、
玄関先にいる場合にも適用され、3年以下の懲役また
は10万円以下の罰金が科される可能性があります[1]。

1）刑法130条

**ムロさん
の
支援ポイント**

「押し買い」の被害に合うと、同様の業者が繰り返し訪ねてくる
ことがあります。Aさんには、今後の対策をアドバイスしておき
ましょう。ポイントは、**その場で契約しない**ことです。まずは
「3日考えさせて」などと時間稼ぎを。しつこく勧められても、
同じ答えを繰り返します。「家族と相談したい」と、その場で身
内に電話をかけるのも有効です。Aさんへの助言と同時に、地域
の他の利用者さんにも**押し買いへの注意喚起**をしましょう。

---

case 05 認知症の夫名義で 契約している賃貸住宅の更新

エピソード

Aさん（76歳・男性：要介護1）は妻とふたりで賃貸住宅に暮らしており、契約の更新が迫っている。賃貸契約はAさんの名義で行っているが、Aさんが認知症を発症したため、妻（74歳）は契約の更新ができるかどうか心配している。

これだけはおさえよう

契約を更新できるのは契約者本人だけ。
同じ家に住む配偶者であっても更新はできない

　賃貸住宅に入居する際、貸主（大家さん）と借主（入居者）の間で「賃貸借契約」が交わされます。通常、賃貸借契約には一定の期間が定められており、期間が満了した後もその家に住み続けるためには契約の「更新」手続きが必要となります。

　契約でもっとも大切なのは、当事者の合意です。この事例の場合、賃貸借契約はAさんと大家さんの間で結ばれています。そのため、契約の更新にもAさんと大家さんの合意が必要になります。

　つまり、更新の手続きができるのは、契約者であるAさんだけです。有効な委任状がある場合を除き、たとえAさんが契約した住宅で一緒に暮らす人であっても、また配偶者や子どもであっても、契約者にかわって契約を更新することはできません。

契約者に認知症があると、
契約更新の手続きはできない？

認知症を発症していても
判断能力があれば契約更新は可能

　認知症を発症したからといって、まったく契約を結ぶことができなくなるわけではありません。認知症があっても、自分が大家さんと賃貸借契約を結んでいることや、今後もこの家に住みたいと思っていることを本人が認識し、意思表示することができれば、契約の更新は可能です。

　本人が契約内容を理解したうえで住み続けたいと思うなら、これまで通り契約書に署名・捺印すればよく、もちろん法的にも認められます[1]。契約の際に問題になる可能性があるのは、必要とされる判断能力があるかどうか、ということ。つまり、「認知症の有無」ではなく「判断能力の程度」なのです。

1）借地借家法26条1項

賃貸借の契約を
妻名義にかえることはできる？

妻名義にするためには
更新ではなく新規の契約が必要

　賃貸借契約の契約者をＡさんから妻にかえたい場合、まずは大家さんの同意が必要で[1]、新たに敷金や礼金などが必要なこともあります。

　契約者の名義をかえるということは、大家さんがＡさんとの契約を打ち切り、妻と新しい契約を結ぶこと

1）民法612条1項

になるからです。

同居者である妻は
住み続けられるのか

住み続けるためには
契約者本人の意思表示が必要

　大家さん側に退去を求める正当な理由がない限り、家賃をきちんと払っていれば、入居者はそこに住み続けることができます。ただしこの権利が認められるのは、契約者本人だけです。契約者であるAさんが「ここに住みたい」という意思表示をできない場合、妻が「住み続けたい」と主張したとしても、残念ながら法的には認められません。

Q
uestion

認知症を理由に
契約の更新を断られることはある？

A
nswer

「認知症への不安」は退去を求める理由に
ならないけれど、立退料で解決をはかる場合も

　Aさんの健康状態が契約更新が可能なレベルでも、大家さんが更新を認めようとしないこともあるかもしれません。ただしこうした場合、大家さん側が契約更新を一方的に拒否することはできません。退去を求めるためには、①退去を求める正当な理由があること、②賃貸期間最終日の6カ月前までに書面で解約の申し入れをすること、が必要です[1]。この場合、契約者が

1）借地借家法26条1
項、28条

認知症であることが「正当な理由」にあたるかどうか
は、状況によって異なります。仮に訴訟となった場
合、それぞれのケースに応じて裁判所が判断していく
ことになるでしょう。

　一般的に正当な理由とみなされるのは、Aさんが他
の住人に迷惑をかけた、危険な行為や重大なルール違
反をした、といった具体的な事実がある場合です。
「事故などを起こすのではないかと不安」という程度
では、正当な理由と認められることはないでしょう。

　ただし、大家さん側が「正当な理由」がないことを
理解したうえで退去を求めたいケースもあるでしょ
う。その場合、大家さんから立退料^{2）}を支払うこと
で入居者の合意を得ることが多くなっています。

2）貸主側の事情で賃
借人に対して、退
去を求める場合
に、賃借人の損害
を補填する意味で
貸主から借主に支
払う金銭

Q uestion　大家さんから正式に退去を求められたら？

A nswer　「解約申入書」が届いたら専門家に相談して対処すると安心

　大家さんが入居者に退去を求める際は、それが更新
拒絶か解約申入れかにかかわらず、「正当な理由」を、
通常は書面で入居者に渡します^{1）}。更新を希望してい
るのに大家さん側から「解約申入書」が届いた場合
は、弁護士に相談するのがベストです。

　解約を求められたときにどんな対応をするべきか
は、契約者の状態や大家さんとの関係、利用者や家族
が今後どのような暮らしを希望するか、などによって
も異なります。身内で解決しようとせず、早めに専門
家にアドバイスを求めたほうがよいでしょう。

1）借地借家法26条、
27条、28条

ムロさん
の
支援ポイント

高齢者世帯の増加に伴い、住まいに関する契約の問題は、今後ますます多くなってくるでしょう。利用者さんからの相談を受けた場合、まずは契約ができるかどうかを決めるのは、**認知症の「程度」である**、という原則を説明しておきます。残念ながら今のところ、認知症は改善が見込める病気ではありません。契約内容の変更などを希望する場合も、できるだけ症状が軽いうちに大家さんへの相談などをしておくことを勧めましょう。

case 06　父名義の土地を子どもが売ることはできる？

ひとり暮らしをしていたＡさん（80歳・男性：要介護３）は、アルツハイマー型認知症が進行して自宅での生活が難しくなったため、介護施設に入所した。Ａさんが暮らしていた家は、現在、空き家になっている。Ａさんの妻は亡くなっており、子どもは近くに住む長男だけ。長男が確認したところ、空き家になっている家と土地はＡさんの名義で、抵当権なども設定されていない。長男は土地を売却し、その代金をＡさんの生活費にあてることを希望しているが、父親名義の土地を子どもが売ることはできる？

これだけはおさえよう

**所有者の子どもであっても
売却する権利はない**

　不動産の売却は、原則としてその土地の所有者が行います。土地や建物に関する権利などの情報を管理して権利関係などを明らかにする制度を「不動産登記」といい、法務局に登録されています。不動産売買の際、仲介業者や買い手は必ず登記を確認します。

　この事例の場合、土地を売ることができるのは、現在の所有者であるＡさんだけです。たとえ将来的に土地を相続する子どもであっても、原則として登記に所有者としての記載のない人が土地を売ることはできません。

uestion 土地の所有者に認知症があると
不動産の売却はできない？

A **nswer** 売却の意思があり、契約内容を
理解することができれば可能

　契約をする際のポイントになるのは、「認知症の有無」ではなく「判断能力の程度」です。認知症の症状や進行度には個人差があり、「認知症＝判断能力がない」ということにはなりません。

　家と土地を売ることの意味を本人が理解できるのなら、契約に必要な判断能力があるということです。その場合は、契約者に認知症があっても不動産を売ることは可能です。反対に認知症と診断されていなくても、家を売ることの意味を理解できない、正しく意思表示ができない、といったような場合は不動産売買に必要な判断能力が十分であるとはいえません。判断能力が不十分な状態で結んだ契約は無効となります[1]。

1）民法3条の2

 uestion **所有者である父親の代理人として**
子どもが売却することは可能？

 A **nswer** 代理人を立てるためには
本人の意思表示が必要

　所有者が高齢である、遠くに住んでいる、などの理由がある場合、所有者本人にかわって「代理人」が不動産の売却をすることも可能です[1]。ただし、代理人になるためには委任契約が必要です[2]。委任契約の内容は通常、委任状に記載されます。委任状には代理人

1）民法99条

2）民法643条

に与える権限を具体的に記載し、所有者と代理人が署名・捺印します。そのため、認知症が進んで委任状の内容を理解できない場合、委任契約ができないので代理人を立てることはできません。

　土地の売買は契約の手続きも厳格です。本人の許可なく捺印したり、所有者に認知症があったりする可能性も考えられるため、委任状に加えて司法書士から所有者本人への面会や確認などを求められることもあります。

所有者の判断能力が不十分な場合、不動産の売却はできない？

成年後見人を立てれば売却できることもある

　所有者の認知症が進んで契約に関する判断能力がない場合、その不動産を売るためには成年後見人を立てる必要があります。成年後見人は、判断能力が十分でない人にかわって契約を結んだり財産を管理したりすることができるからです[1]。

1）民法859条1項

　ただし判断能力が衰えてから成年後見人を立てる場合、最終的に後見人を選ぶのは家庭裁判所です[2]。親族は後見人になることを希望することはできますが、必ず選任されるとは限りません。

2）民法7条

Q
uestion

成年後見人になれば
親の不動産を売却することができる？

A
nswer

不動産の売却には
家庭裁判所の許可が必要

　このエピソードでは、長男がＡさんの成年後見人に
なっても、後見人の一存で不動産を売ることはできま
せん。被後見人が所有し、実際に住んでいた建物、土
地については、売却の契約をするにあたって家庭裁判
所の許可が必要です[1]。仮に許可を得ずに売却の契約
を結んだ場合、その契約は無効になります。売却が認
められるのは、被後見人の利益になるとみなされる場
合。この事例のように、売却した代金をＡさんの生活
費にあてる、という目的であれば認められることが多
いでしょう。

1）民法859条の3

Q
uestion

売却を希望しているのが
親の自宅ではない場合は？

A
nswer

居住用の不動産でない場合は
家庭裁判所の許可なく売却することができる

　売却する際、家庭裁判所の許可が必要なのは「居住
用不動産」だけです。居住用不動産とは、所有者が現
在住んでいる家と土地のことです。Ａさんの例のよう
に、現時点で空き家であっても、所有者が病院から退
院したり、施設から退去したりした場合に住むはずの
場所も「居住用不動産」に含まれます。
　居住用以外の土地や建物については、家庭裁判所の

許可なしで売却することができます。ただし後見人には、被後見人の財産を適切に管理する責任があるため、被後見人の不利益になるような形で売却することは認められません[1]。

1）民法858条

**ムロさん
の
支援ポイント**

土地を売却した場合、Aさんの認知症が進んで土地を手放したことを忘れてしまうと、家族は対応に悩まされるかもしれません。ケアマネからは、現実に即した対処法のアドバイスを。Aさんにとって「売ってしまった」という説明は受け入れにくいこともあります。「今、あの家に住みたいという人がいるんだよ」「家を大切にしてくれる人に住んでもらったらどうかな？」など、**「相談する」スタイルで話してみる**ことを提案してみましょう。

エピソード

Aさん（82歳・男性：要支援1）は、妻とふたり暮らし。生活するうえで自家用車が欠かせない地域に住んでいることもあり、若い頃から日常的に車を運転していた。数年前から、車庫入れの際に車を傷つけたり、やや危険な運転をしたりするようになった。また、前回の免許証の更新後に軽度の認知症があることもわかったため、家族は免許証の返納を勧めている。でもAさんは返納に同意せず、今でも運転を続けているため、家族が心配している。

これだけはおさえよう

交通事故を起こした場合、
認知症を理由に責任が軽くなることはない

　日本では、交通事故のうち65歳以上の高齢者が運転する車によるものの割合が増えています。高齢者であっても、交通事故を起こした場合、刑事責任や行政処分、民事賠償責任を問われる可能性があります。

　過失運転致死傷罪や危険運転致死傷罪に問われた場合、懲役や禁固、高額の罰金などが課されることがあります。さらに被害者側が民事訴訟を起こした場合、治療費や精神的苦痛・後遺症に対する慰謝料などとして高額の損害賠償を求められる可能性があります。刑事罰や行政処分は本人だけに課されますが、民事では、日常生活の状況によって家族まで責任を追及されることも考えられます。

原付以上運転者（第1当事者）による死亡事故件数の推移（指数）

（平成11年の各年齢層における死亡事故件数を100とする。）

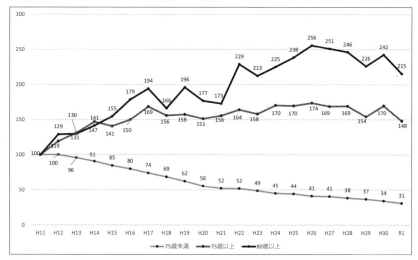

出典：令和2年3月「高齢運転者交通事故防止対策に関する調査研究」分科会最終報告書（警察庁）（https://www.npa.go.jp/koutsuu/kikaku/koureiunten/menkyoseido-bunkakai/prevention/final_report.pdf)

Q
uestion

運転免許証を
自主返納する方法は？

A
nswer

運転免許更新センターなどに
出向いて手続きをする

　運転免許証を自主返納する場合は、都道府県の運転免許更新センター、警察署、運転免許試験センターなどに、原則として本人が出向きます。本人が行けない場合は代理人による申請も可能ですが、その場合は、返納する運転免許証に加え、委任状と、代理人の氏名、住所、生年月日が確認できる身分証明書が必要です[1]。

　免許を自主返納する際に申請すると、「運転経歴証

1）その他、病気、負傷等やむを得ない事情により、自ら手続できないことを証明する書類（入院証明書、診断書等）が必要な場合もある。

明書」が発行されます。見た目は運転免許証とよく似ており、身分証明書として使うことができます。運転経歴証明書は、自主返納してから5年以内ならいつでも申請することができます。

Q
uestion

「更新できない」場合と
自主返納の違いって？

A
nswer

自主返納でなければ
運転経歴証明書を申請することができない

　75歳以上の人は、免許の更新時に「認知機能検査」が義務づけられています。この検査で「記憶力・判断力が低くなっている」とされると、臨時適性検査が行われたり、診断書の提出を求められたりします。その結果、認知症と診断されると運転免許証は更新できず、「取り消し」または「停止」という扱いになります[1]。さらに、75歳以上で一定の交通違反歴がある人に実際に車を運転する「運転技能検査」を義務づけ、不合格者には免許の更新を認めない制度も導入されました（2022年6月までに施行予定）。

　運転技能検査が不合格だったり、認知症のために運転免許証が取り消しになったりした場合、「運転経歴証明書」を申請することはできません。身分証明となるものが必要な場合は、更新を待たずに自主返納したほうがよいでしょう。

1）道交法103条1項

**ムロさん
の
支援ポイント**

免許の返納を勧める目安のひとつに、車にこすったような傷が増えてきた時。運転に必要な「見える・聞こえる・判断できる、操作できる」といった機能が低下してきているサインだからです。家族や身近な介護者が心がけたいのは、免許返納後の生活についてポジティブな情報提供をすることです。知人の実例などを伝えるほか、「近くに住む家族が通院を手伝う」「ネットスーパーを利用する」などの経験をしてもらうのもよい方法。**車がなくても暮らしが成り立つ、という納得につながります。**

case 08　利用者の家の庭木が道路にはみ出している

エピソード

ひとり暮らしのＡさん（82歳・女性：要介護３）宅を訪問した
際、隣に住むＢさんに声をかけられ、「Ａさん宅の庭木の枝を
切ってほしい」と言われた。一緒に確認してみると、塀の上から
木の枝が車道に大きくはみ出しており、道路に設置されたカーブ
ミラーが見えづらい状況になっていた。Ａさんにそのことを伝え
たところ、「大切な木なので切りたくない」とのこと。遠方に住
む息子さんからも電話で説得してもらったが、「絶対に切らない」
と怒ってしまったそう。はみ出した枝は、このままにしておくし
かない？

これだけはおさえよう

**私有地内の木であっても
交通の妨げになってはいけない**

　道路の整備などについて定めた「道路法」では、正当な理由な
しに道路に土石、竹木などを積み重ねて交通に支障をきたすこと
を禁止しています（道路法43条２号）。私有地から道路の上には
み出す枝も交通の妨げになることから、この法律に違反している
とも考えられます。仮に法律違反とみなされた場合、１年以下の
懲役または50万円以下の罰金が科されます（道路法102条）。

　また、その道路を管理する国や自治体は、木の管理者に対し
て、枝の剪定などを命じることができます（道路法71条）。ただ
しその道路が条例によって「沿道区域」に指定されている場合
は、前出の法律に違反しているかどうかに関わらず、剪定などを
命じることができます（道路法44条）。

Q uestion

はみ出した枝のせいで事故が起こったら
利用者は責任を問われる？

A nswer

事故防止のために必要なことをしていなければ
損害賠償を求められることも

たとえば敷地を囲むブロック塀の手入れが不十分
だったために、くずれて通行人にけがをさせてしまっ
た場合、その塀の「占有者」が責任を負うことになり
ます[1]。占有者とは、そのものを「実際に使っている
人」のこと。土地・建物の所有者である場合はもちろ
ん、借地の場合でも、そこに住み、そのものを使って
いる人（借主）が占有者とみなされます。

　ただし、占有者が事故防止のために必要な管理など
をきちんとしていたけれど事故が起こってしまった場
合は、所有者（借地である場合は大家さん）が責任を
負うことになります[2]。

　庭木の場合も、考え方は同じです。敷地を越えて枝
が道路にはみ出していたために事故が起こった場合、
その家の占有者である利用者が損害賠償を求められる
可能性があります[3]。

　道路にはみ出した枝は視界を遮るだけでなく、折れ
た枝が当たる、たまった落ち葉で歩行者が足を滑らせ
る、といった事故を引き起こすもあります。万が一交
通事故が起こった場合、損害賠償は高額になることが
少なくありません。こうした点も含めて利用者に伝
え、早めの剪定を勧めてください。

1）民法717条 1 項

2）民法717条 1 項た
だし書き

3）民法717条 2 項

Q uestion | 道路にはみ出している部分でも
許可なく切ってはいけない?

A nswer | その木を管理している人の
同意なしに切ってはいけない

敷地外にはみ出している枝であっても、その木の所有者の許可なしに切ると所有権の侵害にあたります[1]。ただし利用者が住む土地が借地の場合は、問題となっている木を「だれが植えたか」も関わってきます。

利用者本人が植えたものなら、その木は利用者のもちもの。剪定などの許可を出せるのは利用者だけです。ただし植えたのが大家さんの場合は、木の「所有者」は大家さんであり、利用者は「管理者」ということになります。そして管理者が安全維持などのために必要な管理をしていない場合は、所有者が伐採などの許可を出すこともできます。

利用者が伐採に同意しても、実際に本人が切るのは難しいことがほとんどです。専門業者のほか、価格が手ごろなシルバー人材センターなどへの依頼も提案してみましょう。

1)民法206条

uestion

道路への枝のはみ出しが
問題になる目安って？

nswer

政令で定められた
「建築限界」が目安になる

　車や歩行者の安全を守るため、道路の構造は法律で
基準が定められています[1]。「建築限界」と呼ばれる
ものもそのひとつで、車道なら地面から4.5m、歩道
なら地面から2.5mの高さまでは、建築物や樹木など
を設置してはならないとされています[2]。

1）道路法30条

2）道路構造令12条

道路への枝のはみ出しが問題になる目安って

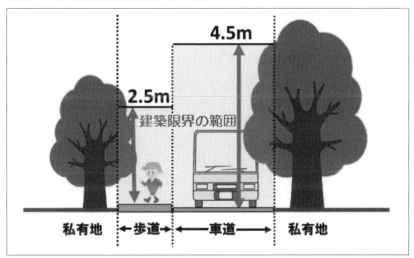

4.5m

2.5m

建築限界の範囲

私有地　←歩道→　←　車道　→　私有地

出典：荒尾市 HP
　　　https://www.city.arao.lg.jp/q/aview/511/6643.html（閲覧日：2021年 8 月27日）

Question 隣の家の敷地内に
はみ出した枝の管理はだれがする？

Answer 原則として木の管理者である
利用者が管理するべき

　道路ではなく隣家の敷地内に枝がはみ出している場合も、管理責任は利用者にあります。隣家に住む人は、たとえ自分の土地に入り込んできたものであっても勝手に切ることはできません。

　ただし隣家の住人は、枝がはみ出していることでなんらかの障害を受けているなら「妨害排除請求権」[1]に基づいて枝の剪定を求めることができます。請求に応じない場合、利用者は損害賠償の責任を負う可能性があります。

　また、隣家の求めに応じて木の手入れなどをする場合、本人や業者が隣家の敷地内に入るときは事前に許可を得ておくことを忘れずに。作業に必要であっても、許可なく他人の敷地内に入ることは住居侵入罪[2]にあたります。ご近所との関係がよくない場合、こうしたことでさらに問題がこじれることもあるので、十分な注意が必要です。

※2021年の民法の改正によって竹木の所有者に枝を切るよう催告したにもかかわらず竹木の所有者が相当の期間内に切除しないとき、土地の所有者は切除できるようになりました（改正後民法233条 3 項 1 号。施行日は令和 5 年 4 月27日までの範囲で政令で定める日）。

1 ）民法233条 1 項

2 ）刑法130条

**ムロさん
の
支援ポイント**

Aさんへの働きかけは、一緒に道路に出てもらい、カーブミラーが見えづらくなっていることを**直に体感してもらう**とよいでしょう。それでも枝を切ることに同意してくれない場合は、地域包括支援センターに状況を伝え、「ご近所問題」として地域ケア会議でとりあげてもらうことを考えてみては？　身近な人の助言には耳を貸さない人が、町内会や民生委員、市の環境課や警察署の交通安全課などから働きかけてもらうと納得する……という例は珍しくないからです。

利用者の家にごみが
たまり始めている

ひとり暮らしのＡさん（78歳・男性：要介護1）は軽い認知症が
あるが、今のところ自立した生活が可能。しかしここ半年ほど、
訪問するたびに室内にものが増えているのが気になる。週2回で
訪問しているヘルパーに確認したところ、納戸として使っている
部屋には空き缶や空きびんを入れた袋がしまい込まれているそ
う。今のところ生ごみはヘルパーが処分しているけれど、缶やび
ん類については「捨てないでほしい」と言うとのこと。こうした
状態が続くと「ごみ屋敷」のようになり、ご近所にも迷惑をかけ
るようになるのではないか、と心配。ごみのため込みを法的なト
ラブルに発展させないためにできることは……？

これだけはおさえよう

ごみ出しのルールや支援制度は
自治体によって異なる

　ニュースなどで、不要なものをためこんで周囲に迷惑をかける
「ごみ屋敷」がとり上げられることがありますが、現時点では一
般家庭のごみ処理に関する法律はありません。ごみの出し方に関
するルールは自治体ごとに決められています。

　高齢者向けのごみ出し支援を行っている自治体はまだ全体の
23.5％に過ぎません（高齢者を対象としたごみ出し支援制度の実
態調査（平成31年3月環境省））。自分の自治体に支援制度がある
か、自治会やNPOなどの支援団体が運営する取組がないか、調
べてみましょう。要介護者に対しては、ホームヘルパーによる生
活援助の一環として依頼することも考えられます。

Question 「ごみ屋敷」になるのを
防ぐためにできることは？

Answer 本人と信頼関係を築いて
ごみ出しを勧める

　「ごみ屋敷」化を防ぐためには、やはり本人に片づけてもらうことが基本です。ごみをため込む背景には、社会的な孤立が関わっていると考えられています。そのため、とくに認知症がある人の場合、本人との間に信頼関係を築いたうえで、不要品を処分したり室内を片づけたりすることに意識を向けてもらうようにしましょう。

　ごみを処分したり、処分について話し合ったりする際は、本人のタイプに合わせた対応が必要です。たとえば「ものを集めることが好き」な人の場合、たまったものの処分は慎重に。一気に捨てたり、集めることを強く止めたりすると、不安が増してしまうことがあります。

　「片づけられない」人なら、時間をかけて信頼関係を深めてから片づけを促しましょう。このタイプの人は、ものをため込んでしまったことを恥ずかしく思ったり、他人に手間をかけたくないと遠慮したりする気持ちが強いもの。早い段階で片づけを切り出すとプライドを傷つけてしまい、逆効果になることがあるからです。

本人がごみ出しを
できない場合は？

介護保険サービスや高齢者向けの
「ごみ出し支援」制度などを利用して

　いらないものを処分することへの同意が得られて
も、何らかの理由で、本人がごみ出しをできないこと
もあるでしょう。要介護者に対しては、大量でなけれ
ばホームヘルパーも生活援助の一環としてごみ出しを
行うことができます。また、要支援者に対しては、自
治体の総合事業により住民のボランティアによるごみ
出し等の生活支援サービスが実施されているところも
あります。さらに、自治会やNPOなどの地域コミュ
ニティによる支援活動として行われている場合もあり
ます。タイミングやごみの量の関係でヘルパーが対処
できない場合は、多くの自治体が実施している、高齢
者のための「ごみ出し支援」制度などの利用を勧めて
みましょう。

ごみ出しなどを手伝う際に
気をつけることは？

本人の同意なしに
ものを捨てたり片づけたりしない

　定期的に家事などをサポートしているヘルパーなど
が気を付けたいのは、本人の同意なしにものを捨てな
いことです。利用者のもちものの所有権は、利用者本
人にあります。他人には不要品に見えても、本人に

とっては大切なものである可能性があり、勝手に捨てることは所有権の侵害にあたります[1]。

　法律には「事務管理」という考え方があります[2]。「事務管理」とは、行う義務はない人が相手のために善意でする行為を認め、その費用は相手に請求することができる、というものです。たとえば意識不明で倒れている人をタクシーで病院へ運び、そのタクシー料金を後日、本人に請求する、といったような仕組みです。

　一見、ヘルパーによるごみの片づけも当てはまりそうです。しかしながら、「事務管理」には「途中で投げ出してはいけない」「本人の利益に沿うものでなければならない」など、いくつかの条件があります。また、たとえ不注意からであっても、相手に損害を与えた場合は賠償責任も生じてしまうのです。こうしたことから、善意であっても利用者の同意なしにごみ捨てや片づけをするのは避けた方がよいといえるでしょう。

1）民法206条

2）民法697条など

ごみ置き場に出されたものは勝手に持ち帰ってもいい？

禁止されていることもあるので条例の有無や内容の確認を

　「ものを集めるのが好き」なタイプの人の場合、ごみ集積場などから不用品を拾ってくることもあります。もちものをごみ置き場に出すということは、所有権を放棄したとみなされます。そのため一般的なごみであれば、原則としてもち帰ってきても問題はありま

せん。ただし、資源ごみや粗大ごみなどについては、条例で持ち去りなどを禁止している自治体もあります。捨てられていたものをもち帰ってくる場合は、条例の有無や内容などを確認したうえで、本人や家族に注意を促しましょう。

**ムロさん
の
支援ポイント**

ごみをため込むのも「捨てたくない」という気持ちに加え、「ごみ出しがスムーズにできない」ことも原因になっていることがあります。まずはヘルパーと協力し、利用者さん宅のカレンダーに「ゴミ出しの日」の印をつけるなどの工夫からしてみましょう。それでも効果がない場合は、自治体によるゴミ出しのサポートを受けることも検討します。本人の許可を得たうえで家族に連絡し、利用可能なサービスなどについて説明することも試みましょう。

case **10**
認知症のある利用者が
万引きしてしまった？

エピソード

　軽い認知症のあるＡさん（78歳・女性：要介護2）は、ひとり暮らし。近くに住む長女が週に数回様子を見に来ている。週3回訪問しているホームヘルパーが、洗濯しようとした洋服のポケットに未開封の消しゴムがたくさん入っているのに気づいた。Ａさんに確認したところ、買った覚えはないとのこと。以前にも似たようなことがあり、ヘルパーから万引きを心配して相談があった。仮に万引きをしていた場合、認知症がある場合でも罪に問われる？　また、介護スタッフはどのような対処をするべき？

これだけはおさえよう

万引きは窃盗行為。
「たかが万引き」と軽く考えてはいけない

　「万引き」というと罪が軽いイメージがありますが、万引きは窃盗。いわゆる「泥棒」や「スリ」と同じ種類の犯罪です。すぐに謝罪すれば、料金の精算や返品に応じてもらえることもありますが、本来は被害額の多少などにかかわらず、すべて警察に通報されるべきものです。逮捕され、有罪になると、10年以下の懲役または50万円以下の罰金が課されます（刑法235条）。
　万引きの場合、原則として料金を支払わずにレジを出た時点で窃盗が成立します。会計後であっても店内にいるうちなら、「支払いを忘れた」などの理由を受け入れてもらえるかもしれません。でも、たとえ認知症があったとしても、いったん店外に出てしまったら「万引き」とみなされてもしかたがないでしょう。

Q uestion
万引きに気づいた介護スタッフは店に連絡するべき？

A nswer
示談がからんでくることもあるので介護スタッフからは家族に連絡を

万引きへの対応は、店によって異なります。すべて警察に通報する、という方針の店もあれば、謝罪して返品や精算をすれば通報せずに済ませる店もあります。そのため、すぐに店に連絡して謝罪すれば大ごとにせずに済む可能性もあります。

ただし、利用者が万引きしたと思われるものを見つけてしまった場合、介護スタッフから店に連絡したり、本人の謝罪や返品に付き添ったりするのは避けた方がよいでしょう。万引きは犯罪なので、逮捕される可能性もあり、警察に通報されなくても店から示談[1]を求められることも考えられます。こうした事態になった場合、介護スタッフでは適切な対応をすることはできないからです。

介護スタッフがするべきなのは、万引きしたと思われる商品を保管しておくことと、家族に連絡すること。事情をくわしく報告し、その後の対応は家族にまかせましょう。ちなみに、利用者の万引きに気づいた時点で「警察に通報しなかった」ことが罪に問われる心配はありません。

利用者が独居の場合は、地域包括支援センターに相談を。利用者の状態に応じて、保佐人、補助人や成年後見人などを含めた生活支援を検討しましょう。

1）次頁参照

**万引き防止のために
ケアマネがするべきことは？**

**認知症が原因と思われる場合は
孤立を防ぐケアを提案する**

　高齢者の犯罪は窃盗の割合が高く、70歳以上の場合そのうちの約 6 割を万引きが占めています（「平成30年版　犯罪白書　〜進む高齢化と犯罪〜」）。高齢者の場合、経済的な問題だけがきっかけになっていることは少なく、犯罪の背景には社会的な孤立や認知症などが関わっていると考えられています。

　ケアマネの役割は、万引きのきっかけを考えてケアにつなげること。認知症の発症や進行が疑われるなら主治医や精神専門医に相談する、利用者を孤立させない生活スタイルを家族と相談する、などの対応を心がけましょう。

**被害者である店との間で
「示談」をすることはできる？**

**加害者側から提示された条件に
被害者が応じれば示談が成立する**

　示談とは、民事裁判を行わずに当事者間で問題を解決すること[1]。多くの場合、加害者側がお金を支払い、被害者側は交換条件として「裁判を起こさない」などの条件を受け入れます。刑事事件は、示談が成立したからといって犯罪そのものがなかったことにはなりません。ただし窃盗などの場合は、示談の成立によって

1）民法695条

処分が軽くなる可能性はあります。

　示談交渉は、弁護士を立てましょう。本人では感情的になってしまうおそれがあるからです。処分を軽くするためには、「示談によって被害者が加害者の罪を許す」などの条件に応じてもらうことが大切。示談の内容は「示談書」にまとめ、警察に提出します。

 Q
uestion

**万引きで逮捕されたら
どのぐらいの罪になる？**

A
nswer

**初めてなら
「微罪処分」で済むことが多い**

　万引きの場合、初犯であれば「微罪処分」になることが多いでしょう。通常、逮捕されると警察で取り調べが行われ、その後、検察官に送致されます。ただし軽い犯罪に限って警察だけで処理することが認められており、これを「微罪処分」といいます[1]。万引きの場合、高齢であることや認知症があることなどが考慮されて微罪処分とされることもあるようです。微罪処分の場合、警察での聴取が終わればすぐに解放されますが、逮捕されたことは「前歴」として経歴に残ります。

1）刑事訴訟法246条

刑事事件の手続きの流れ

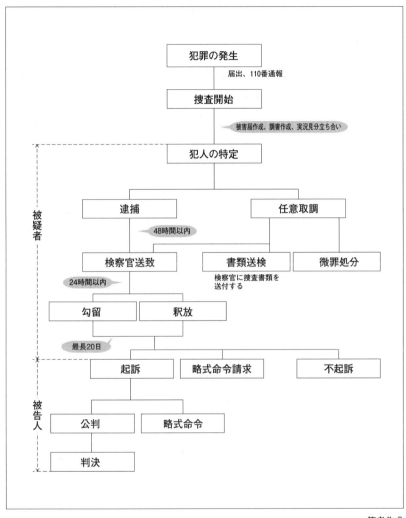

筆者作成

万引きが疑われる場合、まずは利用者さんにレシートの有無を尋ねてみましょう。事例のように自分で買ったかどうかはっきりしない場合は、できればバッグやお財布の中なども見てもらいましょう。支払ったことが確認できない場合は、その事実と**その時点でわかる範囲の経緯を記録**しておきます。こういった場合の対処法については、サービス事業所でもマニュアルがつくられています。担当ヘルパーに、事業所への報告と対処法の確認を勧めましょう。

case **11**　利用者によるストーカー＆
セクハラ

エピソード

生活援助でＡさん（74歳・男性：要介護１）宅を数回訪問しているヘルパーのＢさんが、Ａさんから食事に誘われた。そのとき冗談に紛らせて断ったせいか、ＡさんはＢさんが自分に好意をもっていると勘違いしてしまい、その後もＢさんをしつこく誘ったり体をさわろうとしたりするようになった。先日、電話番号を教えてほしいと言われたＢさんがはっきり断ると、機嫌を損ねて「あとをつけて住所をつきとめる」などと言い出したという。訪問介護事業所では、ＢさんをＡさん宅の担当から外すことにしたが、Ａさんや家族にも注意を促したい。Ａさんのしたことはストーカー行為にあたる？

これだけはおさえよう

**相手に不安を感じさせることは
ストーカー行為とみなされる可能性が**

　「ストーカー行為等の規制等に関する法律」では、「つきまとい等」（具体的な行為は次頁参照）をして相手に不安を感じさせることを禁止しています。これらの行為は、恋愛感情や好意、またはそれが満たされなかったことに対する恨みを晴らすために、特定の相手やその人と近い関係にある人に対して行われるものとされています。そして、同じ相手に「つきまとい等」を繰り返し行うことが「ストーカー行為」です。Ａさんは一方的な思い込みから繰り返し食事などに誘い、さらに「あとをつける」などと言ってＢさんに不安を覚えさせています。こうした言動は、ストーカー行為とみなされる可能性があります。

Q uestion — ストーカー行為を続けると
どうなる？

A nswer — 被害者が警察に相談すると
警察から注意や警告を受ける

　「つきまとい等」をされた人が警察に相談した場合、加害者は警察からそういった行為をしないようにという警告を受けることがあります。また、加害者が「つきまとい等」を繰り返す恐れがある場合は、都道府県の公安委員会から「禁止命令」が出されます。被害者側の希望や行為の悪質さによっては、警察の捜査が入る場合もあります[1]。

1）ストーカー規制法
　4条、5条

　ストーカー行為をすると、1年以下の懲役又は100万円以下の罰金が課せられる可能性があります。禁止命令に違反してストーカー行為をした場合は、2年以下の懲役又は200万円以下の罰金が課せられます[2]。

2）ストーカー規制法
　18条、19条

「つきまとい等」とみなされる行為

1　つきまとい、待ち伏せ、家や勤務先などに押しかけたり、付近をうろ
　ついたりすること
2　相手を監視していると思わせるようなことを言うこと
3　面会、交際等の要求
4　著しく粗野または乱暴な言動
5　無言電話、連続した電話・メール・SNSのメッセージ等の送信
6　汚物などの送付
7　相手の名誉を傷つける行為
8　性的羞恥心の侵害

介護サービスの利用者と介護スタッフの間でもセクハラは成立する？

 顧客や取引先でもセクハラの加害者になることがある

　セクシュアルハラスメント（セクハラ）とは、「性的な言動への対応によって労働者が不利益を受ける」「性的な言動によって職場の環境が害される」ことと定義されています[1]。また、事業主や上司、同僚だけでなく、顧客や取引先なども加害者になり得ます。ヘルパーにとって利用者宅は「職場」であり、Aさんは「顧客」なので、Aさんがしつこく食事に誘ったり体をさわったりすることはセクハラにあたるといえるでしょう。

1) 男女雇用機会均等法第11条

　ただし、セクハラに関しては行為そのものを処罰する法律がないため、裁判では個別の事例に応じて判断されています。どこからがセクハラとみなされるか、はっきり線引きすることはできませんが、以下のような言動は問題にされることが多いでしょう。

「性的な言動」の例（「事業主の皆さん職場のセクシュアルハラスメント対策はあなたの義務です!!」（厚生労働省）より）

①性的な内容の発言
・性的な事実関係を尋ねる
・性的な内容のうわさを流す
・性的な冗談やからかい
・食事やデートへの執拗な誘い
・個人的な性的体験談を話すこと　　　など

②性的な行動

・性的な関係を強要すること

・必要なく体をさわること

・わいせつ図画を配布・掲示すること

・強制わいせつ行為、強姦　　　　　など

※裁判でセクシュアルハラスメントと認定された場合、被害者からの損害賠償請求が認められる可能性があります。

ムロさんの支援ポイント

Aさんに問題に気づいてもらいたい場合、正論で押すのは逆効果のこともあります。「私に免じてやめてもらえませんか？」のように「お願いする」形で**プライドに訴えかける**のはどうでしょう。納得してくれたら、「Aさんを信頼していますから！」などの言葉も添えておくとより効果的です。注意しても効果がない場合は、家族に相談を。できれば地域包括支援センター経由で事実を伝えてもらい、家族からAさんに注意を促してもらいましょう。

case 12　他人にけがをさせてしまった・けがをさせられた

Aさん（76歳・男性：要支援１）が趣味のサークルに参加した際、口論から参加者のBさんを押し、転ばせてしまった。Bさんに大きなけがはなかったが、膝にあざができてしまった。サークルの会長からAさんと同居している息子に連絡があり、その日のうちにBさんに謝罪に出向いたことで大ごとにはならずに済んだ。Aさんは普段は穏やかだが、耳が聞こえづらく軽い認知症があるせいか、会話の途中で急に怒り出すことがある。人にけがをさせてしまった場合、どの程度から罪に問われる可能性がある？

これだけはおさえよう

暴力をふるえば暴行罪、
けがをさせれば傷害罪にあたる

　他人に暴力をふるうことは、暴行罪にあたります。この場合の暴力には、なぐる、蹴る、押すといった行為のほか、耳元で大きな音を出す、目に強い光を当てるなど、直接体に触れないものも含まれます。暴行罪には、２年以下の懲役もしくは30万円以下の罰金または拘留もしくは科料が課されます（刑法208条）。

　暴力によって他人の健康を損ねると、傷害罪に問われます。けがをさせることはもちろん、騒音を出し続けて相手をうつ状態にした場合なども「健康を損ねた」ことになるため、傷害罪に当たります。また健康を損ねることに加え、無断で髪をバッサリ切るなど「体の状態に変化を与える」ことも障害とみなされる場合があります。傷害罪には、15年以下の懲役または50万円以下の罰金が課されます（刑法204条）。

Q
uestion

**けがをさせるつもりはなかったときも
暴行罪や傷害罪になる？**

A
nswer

**わざとでなければ暴行罪にはならないが
過失傷害には問われる可能性がある**

動いた拍子にぶつかるなど、ちょっとした不注意や不運から他人に痛い思いをさせたりけがをさせたりしてしまうことがあります。まず、暴力をふるうつもりがなかったのなら、暴行罪にはあたりません。ただしその結果、相手にけがをさせてしまった場合は、過失傷害罪とみなされることがあります。

傷害罪と過失傷害罪の違いは、「わざと」なのか「うっかり」なのか、ということ。わざと暴力をふるってけがをさせたのなら傷害罪、うっかりけがをさせてしまったのなら過失傷害罪に相当します。過失傷害罪には、30万円以下の罰金または科料が課せられます[1]。

1）刑法209条

Q
uestion

**暴行罪や傷害罪も
示談で解決することができる？**

A
nswer

**当事者間の示談で解決できるのは
民事事件だけ**

裁判を行わずに当事者間で問題を解決することを示談といいます[1]。暴行罪や傷害罪の場合も示談が行われることがあります。被害者との間で示談を成立させることが、暴行罪や傷害罪の処分を軽くすることにつながる可能性があるためです。示談は、暴行などを許

1）民法695条

すという被害者の意思表示などを条件に、加害者がお金を支払う形で行われることがほとんどです。

Q
uestion

相手にけがをさせてしまった場合
治療費を支払う義務はある？

A
nswer

示談金には治療費が含まれていることがほとんど。
示談をしていないなら請求されることがある

　被害者との間で示談が成立している場合は、さらに治療費を請求されることは少ないはず。示談金には、治療費や慰謝料などが含まれていることがほとんどだからです。示談が成立していない場合は、被害者から治療費を含む損害賠償1)を求める民事裁判を起こされる可能性があります。ちなみに、刑事裁判で有罪となった場合に納める罰金は国庫に入るもの。被害者に渡されるものではないので、治療費などにあてられることはありません。

1）民法709条

Q
uestion

暴力をふるわれたりけがをさせられたり
したときは、どう対処する？

A
nswer

相手に刑事処罰を望むなら
警察署に被害届を提出する

　暴行やけがの程度にもよりますが、刑事事件としての捜査や処分を望む場合は被害届を出します。被害届は、犯罪行為があったことを警察に知らせるためのもの。現行犯以外については、被害届が出されなけれ

ば、犯罪が行われた事実を警察が知ることができない
ことが多いからです。ただし被害届が受理されても、
実際に捜査するかどうかは警察が判断します。

　被害届は、ケアマネや家族などの第三者でも出すこ
とができます。証拠（けがの写真など）がある場合
は、被害届を出す際に持参するとよいでしょう。

Q uestion けがの治療費などを 加害者に請求するには？

A nswer 警察への訴えとは別に 損害賠償を求める民事裁判を起こす

　加害者側から示談の連絡がない場合、治療費などを
請求するためには民事裁判を起こす必要があります。
裁判での証拠とするため、けがをした部位の写真を
撮っておき、病院で診断書を発行してもらいましょ
う。治療費や通院のための交通費などは、すべて領収
書をとっておきます。治療費に加えて、精神的な苦痛
に対する損害賠償として慰謝料[1]の請求も可能。慰
謝料の請求額は自由に決めることができますが、実際
の判決では、一定の基準（これまで裁判を通じて構築
されてきた基準）を目安に金額が決められることがほ
とんどです。

　裁判では、証拠が不十分などの理由で敗訴する可能
性もあります。また、被害者側にも落ち度があったこ
とが認められると、賠償額が減額されます（過失相
殺[2]）。通常、裁判を起こすためには弁護士も必要。
請求額によっては、受け取る金額より訴訟費用のほう
が高額になる場合もあることを知っておきましょう。

1）民法709条

2）民法722条2項

**ムロさん
の
支援ポイント**

認知症の人は、感情のコントロールがうまくいかなくなり、その
ために想定外の行動をとることがあります。感情が高ぶっている
ときは、なだめるのも難しいもの。**「怒りのスイッチ」を入れな
いようにする**のがいちばんです。家族やヘルパーには、日ごろか
ら「Ａさんが不快に思う言葉や行動」に気を配り、記録しておく
ように頼んでおきます。介護にかかわる全員で、その情報を共有
するとよいでしょう。

利用者が友人に貸したお金を
返してもらえない

Aさん（82歳・女性：要支援1）は先日、サークル仲間のBさんに頼まれ、サークル会費の5,000円を立て替えた。Bさんが返してくれる様子がないので催促したところ、「借りた覚えがない」と言われてしまった。Bさんが本当に忘れているのか、返さないために忘れたふりをしているのかはわからず、Bさんに認知症がある可能性も考えられるそう。友人同士のちょっとした貸し借りだったため、借用書などはつくっていない。Bさんが借りたことを認める、または思い出すまで、お金を返してもらうことはできない？

これだけはおさえよう

「借りた」お金は「返す」のが前提。
口約束でも消費貸借契約は成り立つ

　貸し借りは、当事者間の問題です。お金やものを借りた場合、借りた側には返済義務があります。そして貸した側には、返してもらう権利があります。この原則は、金額の多少や貸し借りしたものの価値に関係なく、すべての場合に当てはまります。
　「お金を貸してください」「いいですよ」とお互いに了承した時点で消費貸借契約は成立します。そして「借りる」とは、「返済を約束する」ということです。返さなくてもよいのは、当事者間に「あげます」「もらいます」という同意があるとき。こうした場合、消費貸借ではなく贈与契約とみなされるため、返済の義務は生じません。

借用書がなくても
貸したお金はとり戻せる？

借りた側に返済の義務はあるが
実際に返してもらうのは難しい

　消費貸借契約は口頭でも成り立つので、借用書がないからといって、借りた側に返済の義務がないことにはなりません[1]。ただし、仮にこの件が裁判になった場合、①お金がＡさんからＢさんに渡ったこと、②ＢさんがＡさんに、返済を約束したこと、の証明が必要になります。

1）民法587条

　①②の両方を証明できない限り、ふたりの間に消費貸借契約があったとは認められません。そして②を証明する際、いちばんの証拠となるのが「借用書」なのです[2]。

2）民法587条の2

　消費貸借契約は口頭でも成り立つのですが、借用書がない場合、貸し借りがあったことを証明するのがとても難しくなります。たとえ貸したのが事実であっても、貸した側の「貸しました」という主張だけでは②の証拠として不十分なのです。そのため実際には、借用書なしで貸したお金は返済されないことも多くなっています。

　少額の貸し借りの場合、返済を求めて裁判を起こすのは現実的ではありません。繰り返し請求しても返してもらえない場合はあきらめ、再発予防につとめるのが正解でしょう。トラブルを防ぐためには、今後はお金の貸し借りをしないことがいちばんです。

「貸してほしい」という頼みを
断れないときは？

お金を貸さなければならないときは
必ず借用書を書いてもらう

　万が一お金を貸す場合は、金額の多少に関わらず、相手に一筆書いてもらうようにします。親しい相手に対して「借用書を書いてほしい」とは言いにくいかもしれないので、「お互いに忘れないように、メモしておいてくれる？」のように頼んでみるのがおすすめです。

　借り手の自筆で、借りた金額と日付、自分の名前、返済期日を書いてもらい、貸した側はその紙を保管しておきます。こうした書面（＝借用書）は、お金の貸し借りがあったことを証明するものです。借りた側が「借りた覚えはない」などと、とぼけることができなくなるのはもちろん、もし裁判になった場合は重要な証拠になります。

Q
uestion

お金を借りた場合
家族に返済の義務はある？

A
nswer

借りたお金は
本人の財産から返済するのが基本

　お金を借りたＢさんが「貸したお金を返してほしい」という請求に取り合わない場合、貸した側がＢさんの家族に返済を求めることも考えられます。こうした場合、いったん家族が立て替えるなどしても構いま

せんが、それは家族が応じた場合です。本来は借りた人にしか返済の義務はありませんが、ご近所トラブルなどを防ぐためにも、いったん家族が立て替える形で返済し、後から家族内で精算してもらうようにするとよいでしょう。

　金銭トラブルがあったときは、今後同じことが起こらないよう、家族による財産管理のしかたを見直してもらいましょう。使い道がわからない支出のせいで生活費が足りなくなっていたり、手持ちのお金はあるのにお金を借りたりしてしまうようなら、Bさん自身によるお金の管理が難しくなっているということ。場合によっては、認知症を疑ってみる必要もあるかもしれません。社会福祉協議会の日常生活自立支援事業の利用を検討してみてもよいでしょう。

Q
uestion

介護施設内で
金銭トラブルが起こったら？

A
nswer

施設の担当部署に相談し
対応を考えて

　ちょっとした金銭トラブルは、介護施設内で起こることもあります。入居者本人や家族から相談を受けた場合は、施設の生活相談員などへの相談を勧めましょう。介護施設の場合、貸した側・借りた側のいずれか、または両方に認知症があることも考えられます。そういったケースでは事実確認が難しくなりますが、仮に認知症があったとしても、お金の貸し借りは当事者間の問題です。

　ただし入居者に成年後見人がついているなら、被後

見人自身が行った貸し借りは取り消すことができます[1]。そのため、実際にお金の受け渡しがあった場合、本人ではなく後見人が、貸した相手に返済を求めたり、被後見人が借りたお金を返したりすることになります。

1）民法9条、120条

ムロさん の 支援ポイント

お金の貸し借りは、人間関係にひびを入れる原因になりがち。貸したお金をきちんと返してもらえた場合でも、以前のような関係に戻れなくなることもあります。友だち付き合いを続けたいなら、お金の貸し借りはしないのがいちばんです。Aさんが「貸して」と言われると断りにくい……というタイプなら、「最近は電子マネーとカードを使っているから、現金の持ち合わせはないの」など、**角の立たない断り方をアドバイス**してみては？

case **14** 徘徊して踏切に
侵入しそうになった

エピソード

Ａさん（82歳・男性：要介護2）は、妻とふたり暮らし。認知症が進んでおり、「身近な人でもだれなのかわからない」「今いる場所や向かおうとしている場所がわからない」などの症状が見られる。妻は日ごろからＡさんの様子に気を配っているが、Ａさんはこれまでにも数回、ひとりで外出して帰れなくなったことがあった。先日、妻が目を離したすきにＡさんが外に出てしまい、遮断機が下りかけている踏切に入ろうとしたところで顔見知りの人に止められた、という話を聞いた。万が一、鉄道事故などを引き起こした場合、認知症があっても責任を問われる可能性はある？

これだけはおさえよう

不法行為の責任を負うかどうかは
判断能力の程度によって決まる

　他人の権利や利益をそこねるような行為のことを、不法行為（民法709条）と言います。故意に行う場合だけでなく、過失であっても不法行為とみなされることがあります。そして不法行為をした人は、それによって生じた損害を賠償する責任を負います。遮断機が下りた踏み切りに入ったために鉄道事故を引き起こした場合、鉄道会社から損害賠償を請求される可能性があります。Ａさんのように認知症がある場合でも、「遮断機が下りた踏切に入るべきではない」「自分が踏切に侵入することで事故を起こす可能性がある」などの点を理解しているとみなされれば「責任能力がある」とされ、不法行為の責任を問われることになります。

Q 本人が責任を問われないのは
uestion どんな場合？

A 踏切に入る危険性などに関する
nswer 判断能力を失っている場合

　認知症が進むと、自分がしていることの危険度を考えたり、行動の結果を予測したりすることが難しくなってきます。仮に鉄道会社などから損害賠償を求める裁判を起こされた場合、「自分が踏切に入ることが事故につながるかもしれない」という判断力がなかった、と証明することができれば、Ａさんは「責任無能力者」とみなされます。責任無能力者は「不法行為による損害賠償責任を負わない者」とされており、未成年者や精神的な障がいをもつ人などが含まれます[1]。

1）民法712条、713条

Q 本人以外が
uestion 責任を問われる可能性はある？

A 「責任無能力者を監督する義務がある人」は
nswer 本人にかわって責任を負わなければならない

　責任無能力者を監督する義務がある人（法定監督義務者）がいる場合本人にかわって監督義務者が責任を問われることになります[1]。未成年者の場合、法定監督義務者は父母をはじめとする親権者です。でも認知症によって責任無能力者とみなされた成人に関しては、法定監督義務者の有無やだれが法定監督義務者とみなされるかは状況によって異なります。

1）民法714条

**妻や別居している息子は
「法定監督義務者」にあたる？**

 **「家族＝法定監督義務者」
であるとは限らない**

　認知症の人に対する監督義務については、平成28年に最高裁が下した判決が基準とされています。認知症のある男性が鉄道事故を引き起こした事件で、本人は認知症により責任無能力者とされたため、鉄道会社は男性の妻と息子に法定監督義務者として損害賠償を求めました[1]。

　最高裁の判決は、妻も息子も「法定監督義務者にはあたらない」というもの。さらに、監督義務者ではないけれどその義務を引き受けている「監督義務者に準ずる」立場にも相当しない、という判断も示されました。

　妻については、「同居する配偶者」というだけの理由で監督義務は生じないこと、また本人も高齢で足が不自由であることなどから「監督義務を引き受けていたとはいえない」、とされました。息子については、月に 3 回ほど実家に立ち寄る程度だったことから、「監督が可能な状況にあったとはいえない」とされています。

　Ａさんの例でも、「同居する妻」というだけの理由で妻が法定監督義務者とされることはないでしょう。ただし、日常のＡさんとの関わり方によっては、「法定監督義務者に準ずる者」として、Ａさんにかわって責任を問われる可能性もあります。

1 ）JR 認知症訴訟（平成28年 3 月 1 日最高三小判）

Q
uestion

徘徊による不法行為や事故防止のために
家族にアドバイスできることは？

A
nswer

GPS などの ICT の活用や
近所や地域と連携強化を

　徘徊防止のためには、出入り口にセンサーなどをつ
ける、本人に GPS つきのアイテムを身につけてもら
う、家族が対応しきれない時間帯には見守りサービス
を利用する、などの対策が考えられます。最近では、
徘徊の可能性がある人を自治体のネットワークに登録
し、登録者による徘徊中の事故に関しては自治体が契
約する保険で賠償を行う取り組みも始まっています。

**ムロさん
の
支援ポイント**

まずは危険防止のため、玄関や部屋の出入口にアラームをつけ
る、本人に **GPS を身に着けてもらう**などの予防策を提案しま
す。そのうえで、行方不明になったときに備えて、顔写真（前・
横・後ろ）を撮っておく、行きそうなところを地図でチェックし
ておく、といった準備をしておくことも大切です。市町村には高
齢者が行方不明になった際の見守り・発見ネットワークがつくら
れており、地域包括支援センターや市区町村によっては**事前に名
前や身体的な特徴などを登録**しておくこともできます。

case **15**
利用者の自宅に
市役所からの督促状が

エピソード

妻とふたり暮らしのAさん（75歳・男性：要介護2）には軽い認知症があるが、日常的なお金の管理などは問題なくできているように見える。訪問した際、居間に市役所からの督促状と思われる封筒があった。Aさんは持ち家に住んでおり、年金収入があるため、経済的な理由による滞納とは考えにくい。「市役所から通知が来ていますよ」と声をかけたけれど、Aさんは気にする様子がなかった。あらためて妻に伝えたところ、これまで税金等の処理はすべてAさんに任せていたため、どうしたらよいのかわからないとのこと。このまま滞納を続けると、どうなる？

これだけはおさえよう

年金から天引きされない税金は
滞納に注意が必要

　Aさんの場合、支払う必要があるのは住民税、所得税、固定資産税です。年金受給者の場合、居住地の市区町村に納める住民税と個人の所得に対してかかる所得税は、公的年金から天引きされるシステムになっています。そのため、原則として滞納する心配はありません。

　ただし所有する土地や家屋に対してかかる固定資産税は、年に一度送られてくる納税通知書に基づいて支払う必要があります。納税通知書には納付書が同封されており、それを使えば銀行やコンビニエンスストアで納付することができます。また手続きをすれば、銀行口座引き落としやクレジットカード払いも可能です。

Q
uestion

退職して会社員ではない場合、
確定申告は？

A
nswer

公的年金以外に収入がある場合は
確定申告が必要

　自営業者などが行う「確定申告」[1] は、所得税と住民税に関わる手続きです。会社員の場合は、会社が毎月給料から所得税を「源泉徴収」[2] し、年末に「年末調整」[3] を行うことで所得税の納税手続きが完了するため、原則として個人で確定申告を行う必要はありません。会社員だった人も、退職後は会社が納税手続きをしてくれなくなりますが、収入が公的年金のみの人は、確定申告をする必要はありません。

　公的年金の年額が158万円以下の場合、所得税はかかりません。158万円を超える場合は、所得税と復興特別所得税が年金から天引きされます。

　確定申告が必要なのは、下記①～③のいずれかにあてはまる場合です。これらの収入に対しては年金から天引きされるものとは別に税金がかかるため、払い忘れに注意が必要です。

①公的年金等の収入が400万円を超える

②海外の年金を受給している

③年金以外の所得（給与や個人年金、生命保険の満期
　払い戻し金、不動産収入、株式譲渡益、配当など）
　が年額20万円を超える

1）所得税法120条

2）所得税法183条

3）所得税法190条

Q
uestion

督促状が送られてくるのは どんなとき？

A
nswer

決められた納税期限を過ぎると 督促状が送られてくる

　固定資産税などの税金が納付期限を過ぎても支払われなかった場合、自治体から督促状が送られてきます。固定資産税は、土地や家屋を所有している限り支払い続ける義務があります。1年分を一括、または4期に分けて支払うことが可能で、納税通知書や納付書には、それぞれについて支払い期限が記載されています。

　確定申告で算出した所得税は、申告の受付と同じ2月16日〜3月15日の期間内に納める必要があります。税金の納付には税務署や銀行に備え付けられている納付書を使うほか、口座振替やクレジットカード、インターネット（e-Tax）、コンビニエンスストア（QRコードを利用）などでの支払いも可能です。

Q
uestion

督促に気づかないまま 税金を滞納するとどうなる？

A
nswer

延滞金が加算されるほか 財産を差し押さえられる可能性も

　税金を滞納すると、延滞金が加算されます。延滞金は滞納した日数に応じて計算され、延滞期間が長いほど加算される割合も高くなってしまいます。また延滞が続くと、財産を差し押さえられる可能性もありま

す。差し押さえは、最短で納付期限から2カ月弱で可能なので、督促状にはできるだけ早く対処するべきです。

　認知症などの理由でAさんが対処するのが難しそうな場合は、妻に、自治体等（督促状の差出元）に出向いて相談することを勧めてみましょう。滞納の事情によっては納税額などに配慮してもらえる場合もあります。また、固定資産税については経済的事情に応じた減免制度もあります。

ムロさんの支援ポイント

お金に関することは、ケアマネが安易に立ち入るべき問題ではありません。督促状などに気付いた場合も、利用者さん本人や家族に「役所から大切な通知が来ている」ことを伝えるところまでにとどめます。事例のように利用者さんの家族から対処法の相談を受けた場合は、**「払い忘れ」を防ぐために銀行口座からの引き落としなどの支払い方法があるなどの情報提供をする**のがよいでしょう。

case **16**　入居予定の施設の事前面談、
　　　　　個人的なことに立ち入りすぎでは……？

エピソード

　Aさん（79歳・女性：要介護 3 ）が、入居を希望している特別養
護老人ホームの候補者となり面談を行った。面談の際、配偶者欄
に「なし」とあったため施設の担当者が「参考までに」と前置き
しながらAさんの婚姻歴についてたずねたが、実はAさんには以
前、離婚した夫から受けた DV 被害があり、Aさんはどう答え
ていいのか戸惑ってしまった。Aさんは知られたくない過去に関
する質問を不快に感じたようで、面談後、個人的な情報はどこま
で施設側に提供するべきなのか、提供した情報は施設内でどのよ
うに扱われるのか、などを聞かれた。

これだけはおさえよう

個人情報とは、個人を特定することができる
さまざまな情報のこと

　個人情報とは、①氏名や生年月日、その他の記載情報によって
個人を識別できるもの、②他の情報と照らし合わせることで容易
に個人を特定できるもの、③マイナンバーや運転免許証番号など
の個人識別情報符号、のいずれかに当てはまるものを指します。
　たとえば、介護施設の入居申込書は①にあたります。利用者さ
んの名前、住所や生年月日、家族の名前などがくわしく書かれて
おり、書類から個人を特定することができるからです。
　②は、たとえば名前と生年月日の組み合わせなど。ふたつの情
報が一緒になっていると名前の主がだれなのかが簡単にわかるた
め、個人情報となります。
　③は、数字や記号だけのデータも個人情報とみなされます。

Q | 本人の健康や生活に関することも
uester | 個人情報に含まれる？

A | 本人の不利益につながりかねないことは
nswer | とくに配慮が必要な情報とされている

　介護施設の入居申込みの場合、入居者の健康や生活
に関することについてくわしい説明を求められるで
しょう。施設側がこうした情報を求めるのは、施設で
の生活に必要なため。もちろん、書類の記載事項や面
談の内容はすべて個人情報とみなされます。

　また、人種、信条、社会的身分、病歴、犯罪歴、犯
罪により害を被った事実などに関する情報は、すべて
「要配慮個人情報」に当たります[1]。要配慮個人情報
は本人の同意なしに取得してはいけないことになって
おり[2]、情報を得た事業者側には、一般的な個人情報
よりさらに厳しく管理することが求められています。

1）個人情報保護法2
条3項

2）個人情報保護法17
条2項

　「医療・介護関係事業者における個人情報の適切な
取扱いのためのガイダンス」（厚生労働省）も参考に
しましょう。

Q | 施設から入居者や他の施設などに
uester | 個人情報がもれることはない？

A | 個人情報を「利用目的」以外に
nswer | 使うことは認められない

　個人情報を取得する事業者は、情報の利用目的をで
きる限り限定しなければならないことになっていま
す[1]。そのため利用者側は、入居申込や面談の前には、

1）個人情報保護法15
条

書面や口頭で「入居者の生活支援のため」等、利用目的の説明を受けているはずです。入居施設では、介護や生活支援のために専門職との連携が必要な場面があります。気になる場合は、どんな情報がどういったスタッフと共有されるのか、具体的に確認しておくとよいでしょう。

　施設側に提供した個人情報は、原則として説明された目的以外に利用されることはなく、本人の同意なしに第三者に伝えられることもありません[2]。例外的に認められるのは、意識不明の状態で病院に搬送されるなど、本人が同意することができないけれど、生命、身体、財産の保護のために情報提供が必要な場合だけです。

　緊急時にも伝えてほしくないことや、取り扱いに特別な配慮を求めたいことがある場合は、施設側に具体的に伝えておくと安心です。

　施設を移動する際、移動先の施設から利用者の個人情報を求められた場合には、あらかじめ文書により本人の同意を得たうえで提供する必要があります[3]。

2）個人情報保護法16条

3）『「医療・介護関係事業者における個人情報の適切な取扱いのためのガイダンス」に関するQ&A（事例集）』各論 Q4-14

Q uestion

入居した施設から
個人情報がもれている可能性があるときは？

A nswer

まずは施設の苦情処理窓口に連絡し、
説明を求める

　規模や業種にかかわらず、仕事のために個人情報を利用している事業者は「個人情報取扱事業者」とみなされます[1]。個人情報取扱事業者は、情報を安全に管理しなければなりません。漏洩などが起きた場合は、

1）個人情報保護法2条5項

個人情報保護委員会から報告を求められたり立ち入り検査が行われたりします。そのうえで指導や勧告などが行われ、従わない場合は罰則が適用されることもあります。

　利用者や家族が情報がもれているのではないかと思った場合、まずは施設の「苦情処理窓口」などに連絡し、第三者への情報提供をやめるように求めましょう。書類の記載内容などに不安がある場合は、書類の開示を求め、確認や訂正を行います。施設側が適切な対応をしない場合は、「個人情報保護委員会」に直接相談する方法もあります。まずは電話相談の窓口を利用するとよいでしょう[2]。

２）個人情報保護法相談ダイヤル／03-6457-9849／受付時間 9:30～17:30（土日祝日及び年末年始を除く）

ムロさんの支援ポイント

各事業所から利用者さんに渡される個人情報の取り扱いについての書面だけで正しく理解できる人はほとんどいません。アセスメントやモニタリング時、質問する前に必ず、「**なぜ聞くのか（根拠）・どの程度まで知りたいか（範囲）・何に使うのか（利用目的）**」を口頭で説明します。そして、「言いたくないことについては、質問されても答えなくてよい」ということもきちんと伝えます。この点が理解されていれば、「言いたくないことまで言わされる」という家族の不快感を避けることができるでしょう。

case **17**　デイサービスを提供している事業所の SNS に
　　　　親の写真が投稿されてしまった

エピソード

デイサービスを利用している認知症のAさん（82歳・男性：要介
護1）について、Aさんの長女から相談を受けた。事業所の
SNS でレクリエーションルームを紹介した写真の片隅にAさん
が写り込んでいるとのこと。写真はあくまで「部屋」を撮影した
ものだが、Aさんの顔は判別できる。事業者側には SNS への写
真掲載は不可、と伝えてあるそう。「本人を写した写真」でなけ
れば、掲載しても許される？

これだけはおさえよう

顔がわかる写真は個人情報。
施設が勝手に利用することはできない

　たとえ小さなものでも、顔が判別できる場合は、写真も個人情
報に当たります。そのため、事業者側が利用者が写っている写真
を使用するためには、本人の許可が必要です。

　個人情報を提供する際、「SNS などへの写真掲載は不可」とい
う条件を付けているのなら、事業者側が写真を掲載することはで
きません。「部屋の写真」として撮影したものにたまたま利用者
が写りこんだのだとしても、この原則はかわりません。

　報道写真やニュース映像などに無関係の人が写っていても問題
にならないのは、報道や学術研究などが目的の場合は「個人情報
保護法」の「個人情報取扱事業者等の義務に関する規定」が適用
されないことになっているためです。介護サービス事業所を紹介
するための写真はこうしたものには当たらないため、写真に写っ
てしまった人の個人情報は守られなければなりません。

Question 「写真の掲載不可」と契約した場合
例外は認められる？

Answer 本人の了承が得られれば
掲載しても許される

　例外的に掲載が認められるのは、事業者側が利用し
たい写真を本人に見せ、許可を得た場合です[1]。この
事例でも本人の許可を得た可能性はありますが、認知
症が進んでいることを考えると、質問の意図を正しく
理解できなかったり、適切な意思表示ができていな
かったりする可能性もあります。写真の掲載は不可、
と事前に伝えているのであれば、事業者側に家族から
申し入れをし、写真を削除する、利用者が特定できな
いように写真を加工するなどの対策を講じてもらいま
しょう。

1）『「医療・介護関係
事業者における個
人情報の適切な取
扱いのためのガイ
ダンス」に関する
Q&A（事例集）』
各論 Q4-15

Question 事業所のブログや SNS に書き込まれた
利用者の実名入りのコメント、削除してもらえる？

Answer ブログの管理者である
事業者に対処を求める

　事業所のブログや SNS には、読者が「コメント」
を自由に書き込める場合があります。一般の読者は個
人情報の取り扱いに関する知識が十分ではないのが普
通です。悪気はなくても「知り合いのAさんが入居し
ています」などのコメントを書き込んでしまうような
こともあるかもしれません。こうした場合、対処する
責任があるのはコメントを書きこんだ人ではなく、ブ

ログやSNSを管理している事業者です。気になる箇所を具体的に伝え、削除してもらいましょう。

　似たケースとして、事業所を訪問した人が、自分のブログやSNSに利用者が写った写真を掲載したり、記事に利用者の名前を書いてしまったりすることもあります。この場合も、まずは事業者に連絡を。施設経由で、個人情報を掲載してほしくない旨を伝え、ブログやSNSの管理者に適切な対処を求めましょう。

Question

事業所のスタッフのプライベートな SNS も規制されている？

Answer

個人情報保護法が適用されるのは 個人ではなく事業所

　個人情報保護法が適用されるのは「事業者」であり[1]、そこに所属する個人ではありません。施設が管理するブログやSNSの発信で利用者の個人情報をもらすことは許されず、違反すると罰則もあります。

　さらに取扱事業者は、従業員を監督して安全管理措置を講ずる必要があります。従業員（事業者の役員も含む）が、事業所が保有する写真をブログやSNSに載せた場合、取扱事業者がこれらの義務に反したとして個人情報保護法に違反したことになります。

　また、介護サービスに関わる社会福祉士や介護福祉士には、法律で定められた「秘密保持義務」があります。「業務に関して知り得た人の秘密をもらしてはならない」とされているため[2]、プライベートな立場からでも、利用者に関する発信をすることは認められま

1）個人情報保護法1条

2）社会福祉士及び介護福祉士法46条

せん。

　社会福祉士や介護福祉士以外のスタッフに関して
は、厚生労働省が「指定居宅サービス等の事業の人員
及び運営に関する基準」を定めており、その中で秘密
保持についても触れています[3]。こうした法律やルー
ルに加え、多くの事業所で、利用者の個人情報を守る
ための社内規程などもつくっています。

　Q
uestion

**介護スタッフ個人の SNS に
悪質な投稿をされたら？**

　A
nswer

**個人としての発信には
個人情報保護法以外の法律が適用される**

　介護スタッフが実名入りで利用者の悪口などを発信
した場合、内容によっては「名誉棄損罪[1]」や「侮辱
罪[2]」に問われることもあります。万が一、悪質な書
き込みがされているような場合は、画面を印刷するな
どして証拠を残しておくことを勧めましょう。

　名誉棄損罪、侮辱罪は、どちらも相手の社会的評価
を下げるような言動に対するものです。どちらの罪に
当たるかは、書き込みなどに「事実」が示されている
かどうかによって判断されます。

　事実を示したうえで相手を中傷している場合は、名
誉棄損罪。事実を示さずに、社会的に軽蔑するような
発言・発信をするのが侮辱罪に当たります。どちらも
刑法上の罪なので、投稿が悪質な場合、逮捕・起訴さ
れる可能性もあります。

3）同基準33条

1）刑法230条。3 年
　以下の懲役もしく
　は禁錮、または50
　万円以下の罰金が
　科せられる可能性
　がある。
2）刑法231条。拘留
　又は科料に処せら
　れる可能性があ
　る。

ムロさん の 支援ポイント

まったくの他人には「個人の判別はできない」と思える写真で
も、よく知る人が見ればわかることもあります。写真等の掲載を
利用者及び家族が確実に避けたいなら、書類等で**「SNS への写
真掲載は不可」と意思表示を伝え**、「個人の判別ができないと思
われる場合でも不可」であることを、事業所に重ねて伝えておき
ます。利用者さん本人が掲載を認める可能性がある場合は、本人
の同意があった場合でも家族に念のため連絡するように頼んでお
きましょう。

case 18 効力のある遺言書のつくり方

エピソード

　Aさん（75歳・男性：要介護5）の近親者は、同居している長女と遠方に住む長男のふたり。Aさんに認知症はない。Aさんは長男に少額の現金を残し、残りの預貯金と自宅、賃貸用の不動産などはすべて長女に残したいと考えている。相続の際のトラブルを防ぐために遺言書をつくっておきたいというが、専門家に依頼しなくても効力のある遺言書はつくれる？

これだけはおさえよう

決められた様式を満たしていれば
自筆の遺言書にも法的な効力がある

　遺言書には、ふたつの種類があります。ひとつめが、遺言者が自分で書く「自筆証書遺言」。ふたつめが、公証役場で作成する「公正証書遺言」です。自筆証書遺言が法的に有効とみなされるためには、一定の条件を満たしている必要があります。

　遺言は、作成時に15歳以上で意思能力（自分の行動の結果を判断することができる能力）があれば、だれでもつくることができます。ただし遺言の有効性が争われる場合は、作成時の本人の状態や内容の複雑さ、財産を残す理由や相続する人との関係などについて確認したうえで、個別に判断されます。認知症などのために成年後見制度の被後見人になっている場合は、厳格な要件のもとでしか遺言をつくることはできません。

**自分でつくる遺言書に
必要な条件は？**

**法律で定められた
4つの条件を満たしていればよい**

　自筆証書遺言には、次の①〜④が必要です[1]。

①遺言の本文が、すべて本人の自筆であること

②作成した日付（年月日）が書かれていること

③遺言者本人の署名があること

④遺言者本人の押印があること

　遺言は封筒に入れて糊づけし、綴じ目に印鑑を押して封印しておくとよいでしょう。封印されていなくても無効ではありませんが、他人が出し入れできる状態だと、相続の際トラブルの元になる可能性もあります。筆記具は消せないものを使用し、書き間違えた場合はその部分に線を引いて訂正し、訂正印を押します。

1）民法968条1項

**財産の分け方は
どのように書けばいい？**

**財産が多数ある場合は
財産目録を添付する**

　財産が多数あったりだれに何を譲るかをはっきりさせておきたかったりする場合は、「財産目録」を作成し、遺言と一緒に保管します。財産目録は、すべて自筆でなくてもよいことになっています[1]。パソコン等で作成したものでも、自筆証書遺言と一体のものと認

1）民法968条2項

められれば大丈夫です。

　財産目録には、本人所有の財産をすべて記載します。財産に含まれるのは、おもに下記のようなものです。

　１　不動産
　土地と建物について、登記簿謄本の内容を記載する。
①土地
　所在、地番、地目（宅地など）、地積（面積）など
②建物
　所在、家屋番号、種類（居宅、事務所など）、構造、床面積など
　２　金融資産
　預貯金、株式、投資信託、保険などについて、それぞれの情報を記載する。
　３　動産
　美術品、骨董品、貴金属などについて、それぞれの情報を記載する。

　財産をすべてリスト化したら、通し番号などをふります。遺言の本文には、「別紙財産目録①記載の土地を長男に遺贈する」など、「だれに」「何を」残すのかがわかるように分け方を書きます。すべてをひとりの遺族に残したい場合は、「すべての財産を妻に相続させる」のような書き方をしても構いません。

**確実に効力のある
遺言をつくりたいときは？**

**公正役場で「公正証書遺言」を
つくるのが安心**

　相続の際のトラブルを防ぎたいなら、公正証書遺言[1]とするほうがよいでしょう。公証人が厳格に作成するため、無効になることはほとんどありません。公正証書遺言をつくる場合は、遺言者本人が希望をまとめて公証人に伝え、その内容にそって公証人が遺言を作成します。財産が多数ある場合は、公証役場に出向く前に弁護士に相談し、遺言の文案や財産目録などを作成しておくとスムーズです。

　遺言の内容がかたまったら、遺言者は公証役場へ出向きます。そして立会人ふたりの同席のもとで遺言の内容を確認し、本人と立会人がそれぞれ署名、押印します。さらに公証人も署名、押印して原本は公証役場で保管し、正本（原本の写し）を遺言者に渡してくれます。

1）民法969条

**遺言書を自分で保管するのが
不安な場合は？**

**自筆証書遺言は本人または法務局、
公正証書遺言は原本が公証役場で保管される**

　自筆証書遺言は、申請すれば法務局で保管することもできます。法務局では遺言の原本に加え、画像データとしても保存するので、遠方に住む相続人も遺言書

101

の有無や内容を確認しやすくなります[1]。

　また、自筆証書遺言の場合、実際の相続の手続きを始める前に家庭裁判所で「検認」が必要です[2]。検認は、遺言に他人が手を加えていないことを確認するための手続きです。検認には事前の申し立てが必要で、原則として相続人全員の出席が求められるため、時間も手間もかかります。でも、法務省で保管した遺言については、検認が不要になります。

　公正証書遺言の場合は、法的に効力のある遺言が本人に正本で渡されますが、原本は公証役場で保管されます。公正証書遺言の場合も、検認は必要ありません[3]。

1）法務局における遺言書の保管等に関する法律6条1項、7条2項

2）民法1004条1項

3）民法1004条2項

Q uestion
法的に有効な遺言なら
相続はすべて遺言通りに行われる？

A nswer
相続人が不服を申し立てると
一定の範囲で相続の割合がかわることもある

　遺言を残さずに亡くなった場合、遺産の分け方は法律で決められています。たとえば配偶者と子どもがいた場合、遺産の2分の1は配偶者が相続し、残り半分を子どもが均等に分けることになります。これと異なる分け方をするには相続人全員で遺産分割協議をする必要があります。

　遺言には、相続に関する遺言者本人の希望を書くことができます。ただし、遺言者の配偶者、子ども、孫、親（兄弟姉妹以外の法定相続人）には、遺言の内容に不服があった場合、遺産のうち一定の割合を請求する権利（遺留分侵害額請求権[1]）があります。

1）民法1046条

　このケースのように相続人が子どもふたりの場合、本来は遺産を2分の1ずつ分けることになります。それと異なる遺言があった場合、不服のある側は遺留分侵害請求を行うことができます。ただし「遺留分」とは「一定の範囲の法定相続人に認められる最低限の遺産取得分」のこと。通常の相続とは割合が異なります。相続人が子どもふたりだけの場合、遺留分請求によって相続できるのは遺産の4分の1です。

ムロさんの支援ポイント

　遺言書について考えるのは「終活」を具体的に意識しはじめたためでしょう。ケアマネに相談するのは、家族には直接言いにくかったり、言う機会がなかったりするのかもしれません。遺言書が話題になるのは**家族に何か伝えたい、言い遺したいことがある**からかもしれません。そのために、家族宛てに手紙や音声・動画などを残すことを勧めてみてはどうでしょう。もの（財産）の遺し方を伝える遺言書に加え、「思い」を伝える「心の遺言書」をつくっておくのは、ご本人にも家族にもよいことだと考えます。

家族が利用者を
どなりつけたり無視したりする

認知症のあるＡさん（84歳・女性：要介護２）は、長女夫妻と同居しており、おもに長女が介護している。訪問した際、質問にうまく答えられないＡさんを長女が強い口調で叱りつけたり、話しかけてきたＡさんを無視したりする態度が目立つ。最近、ケアプランを変更してデイサービスの回数を減らしたが、その際も長女主導でＡさんの意思が反映されていないように感じた。同席していたＡさんに確認しても、長女が高圧的に口をはさんでくるため、Ａさんは萎縮してしまって意見が言えなくなっているように見える。

威圧的な態度や無視は
虐待とみなされる

　高齢者虐待防止法では、養護者や養介護施設事業者による65歳以上の高齢者の虐待を禁止しています。「養護者」とは、介護や食事の世話、金銭管理など、高齢者を実際に世話している人のことを指します。Ａさんの例では、同居して介護している長女は養護者に当たります。高齢者虐待防止法５条でケアマネ等の福祉・医療の関係職種は高齢者虐待の早期発見に努めなければならないとされています。「虐待」は、暴力をふるうことだけではありません（次頁参照。）また、虐待は行為そのものが問題なのであり、養護者側が悪気なくしていることが虐待にあたることもあるので、注意が必要です。

養護者による高齢者虐待の例

1　身体的虐待
けがをさせる、またはけがをさせる恐れのある暴行を加えること。 例）・殴ったり蹴ったりする・体を拘束する 　　・食事を無理やり口に入れる 　　・医学的な判断に基づかない痛みを伴うリハビリを強要する 　　・外から鍵をかけて閉じ込める、中から鍵をかけて家に入れない　　など
2　介護・世話の放棄・放任
高齢者の世話を怠って衰弱させたり、養護者以外の同居人による虐待を放置したりすること。 例）・入浴しておらず、異臭がする 　　・爪や髪が伸び放題になっている 　　・衣服や寝具が汚れている 　　・食事や水分が不十分で、空腹が長時間続いていたり、栄養失調や脱水の状態になっている 　　・室内にごみを放置、冷暖房を使わせないなど、劣悪な環境で生活させる　　など
3　心理的虐待
暴言や拒絶的な対応など、高齢者の心を傷つける言動をすること。 例）・高齢者の言動を嘲笑したり、恥をかかせたりする 　　・どなる、ののしる、悪口を言う 　　・見下した態度で子どものように扱う 　　・本人の尊厳を無視して、介護の効率を上げるためにおむつを使用したり、食事の介助をしたりする 　　・生活に必要なものの使用を制限する 　　・団らんから排除する　　など
4　性的虐待
高齢者にわいせつな行為をすること、またはわいせつな行為をさせること。 例）・排泄のケアや着がえなどに際して、下半身を裸または下着のまま放置する 　　・人前で排泄行為やおむつ交換をする 　　・性器を写真に撮る、スケッチする 　　・キス、性器への接触、セックスを強要する 　　・自慰行為、わいせつな映像や写真を見せる　　など
5　経済的虐待
養護者や親族が高齢者の財産を不当に処分したり、不当な財産上の利益を得ること。 例）・日常生活に必要なお金を使わせない 　　・本人の自宅等を無断で売却する 　　・年金や預貯金を無断で使う 　　・医療や介護に必要な費用を支払わない　　など

出典：「市町村・都道府県における高齢者虐待への対応と養護者支援について」（平成30年３月厚生労働省老健局）を元に筆者作成

Q uestion 　虐待が疑われる養護者に対して
　　　　　　ケアマネができることは？

A nswer 　まずは「虐待しているのかもしれない」と
　　　　　　気づかせることから

　在宅介護は、介護する家族の負担も大きいもの。ストレスをため込んだ養護者は、要介護者についつらく当たってしまうこともあるでしょう。でも、そういった言動が一線を越えると「虐待」とみなされることになります。養護者の中には、自分のしていることが虐待だと気づいていない人も多いはず。まずは冷静に事実を確認し、行政に通報するべきか、養護者に注意を促すのかを慎重に判断しましょう。

　ケアマネは、虐待やセルフ・ネグレクトなどを発見しやすい立場にあることから、虐待を早期に発見できるように、相談体制を整備し、市町村の通報窓口について把握していることが望ましいとされています[1]。

1）指定居宅介護支援等の事業の人員及び運営に関する基準について（平成11年7月29日老企第22号）第2-3-(22)

Q uestion 　けがをしたり、健康を害したりするほどの
　　　　　　虐待を受けている場合は？

A nswer 　事業所に報告し、地域包括支援センターの
　　　　　　ネットワークにつなげる

　養護者が虐待に気づくように促しても虐待がおさまらなかったり、虐待の程度が深刻だったりする場合は、組織的に対応する必要があります。虐待に気づいたときは、絶対にひとりで抱え込んではいけません[1]。ケアマネの役割は、自分で問題を解決すること

1）高齢者虐待防止法7条

ではなく、他の機関へ「つなぐ」ことなのです。当事者とのやりとりなどはすべて具体的に記録に残し、所属する事業所と情報を共有しておきましょう。その内容に応じて、事業所は地域包括支援センターに連絡や報告を行うことになります。

　市区町村では、地域包括支援センターを中心に、虐待防止のためのネットワークがつくられています。介護事業者からの通報や届出に基づいて関係機関による家庭訪問が行われたり、深刻な危険があると認められる場合は、一次的に保護する措置（介護施設でのショートステイや医療機関への入院など）がとられたりすることもあります[2]。

2）高齢者虐待防止法
9条2項

**ムロさん
の
支援ポイント**

家族が要介護者にきつくあたるのは、介護のつらさの反映であることがほとんどです。気になる言動が見られる場合は、まず「どうして〜言われるんですか？」と尋ねてみましょう。**共感的な態度**で「いつも頑張っていらっしゃいますよね」などとねぎらいの言葉をかけることは大切です。ケアマネの役割は、つらさを抱えた家族の支えになること。問題の解決を目指すだけでなく、じっくりと話を聞き、家族の頑張りや抱えるつらさに共感することを大切にしましょう。

---

case **20** 利用者の家族から介護サービスの
解約・変更の申し出があった

エピソード

Aさん（82歳・女性：要介護2）と同居する長男（58歳）から、現在利用している訪問入浴介護を入浴つきのデイサービスにかえたいという連絡があった。家族の自由時間確保と費用節約のためということだったが、本人の希望は確認していないとのこと。以前Aさんから、人づきあいが苦手なのでデイサービスには行きたくない、と聞いたことがある。家族の希望通りにプランを変更してしまってもよい？

これだけはおさえよう

利用するサービスは
利用者本人が決めるのが原則

　介護保険が適用される介護サービスは、すべてサービスを提供する事業者と利用者本人との契約です。実際の手続きなどは家族が行うことも多いかもしれませんが、契約の主体は、あくまで利用者本人。つまり、どんなサービスをどのぐらい利用するかを決めるのは、家族ではなく利用者です。

　介護サービスの契約や変更は、家族が勝手に行おうとする場合も少なくありません。家族から相談を受けた場合は、手続きを進める前に必ず本人の意思を確認します。家族への遠慮から、なかなか本音を言えない利用者も少なくありません。本人の意見はできれば家族のいないところで、慎重に聞くようにしましょう。

　「サービスの利用をやめて家族がケアをする」という場合は、とくに注意が必要。家族では必要なケアをきちんと行えず、利用者のADLの低下をもたらす可能性も考えられるからです。

利用者本人が
プラン変更を望んでいない場合は？

ケアマネから家族に伝え
対応策の話し合いを

　利用者は介護サービスの解約や変更を望んでいない場合、本人から家族には言いづらいこともあります。利用者の了承を得たうえで、ケアマネから家族に伝えてみましょう。家族の事情はさまざまなので、利用者の希望を100％叶えられないこともあるでしょう。でも、まずは利用者の希望を正しく見極めることが大切です。そのうえで必要なケアを考え、利用者と家族の両方をサポートできるケアプランを提案していきましょう。

　また、利用者自身が同意したうえで解約・変更したけれど、利用をやめたサービスはやはり必要だったのでは……ということもあるかもしれません。その場合は、まず利用者にあらためてサービスの利用を提案してみましょう。

　必要と思われる介護サービスを利用せず、家族によるケアも不十分な場合は、在宅での介護を続けるのが難しいかもしれません。利用者本人や家族の様子などをよく見たうえで、施設入居などを勧めてみてもよいかもしれません。

Q
uestion

家族の判断で介護サービスの
変更や解約ができるケースはある？

A
nswer

家族が利用者の成年後見人の場合は
契約の解除・変更をする権限がある

　本人にかわって家族が介護サービスの解約や変更を
することができるのは、利用者が成年後見制度の被後
見人であり、家族が後見人になっているとき。こう
いった場合は、「後見人である家族」なら、自分の判
断で介護サービスの解約や変更をすることができま
す。後見人には、被後見人にかわって契約をする権限
が与えられているからです¹⁾。

1）民法859条

　同時に後見人には、被後見人の意思を尊重し身上に
配慮する義務があります²⁾。そのため、利用者が適切
な介護を受けられるように常に気を配らなければなり
ません。

2）民法858条

　ケアマネの役割は、サービスを解約・変更した後の
利用者の様子や生活ぶりをよく見ておくことです。そ
のうえで、必要な支援が受けられていないと思われる
場合は、介護サービスの利用などをあらためて提案し
ましょう。ただし、後見人は被後見人の財産を管理す
る役割も担っています。介護費用の節約が解約・変更
の主な理由の場合は、介護サービスの取捨選択につい
て後見人と話し合いましょう。

Question 解約の理由が
サービス事業者への不満である場合は？

Answer 同様のサービスを提供できる
別の事業者を提案する

　サービスの解約や変更の相談を受けた場合は、必ず
理由を確認しましょう。本人の希望や家族の事情、経
済的な理由などにくわえ、サービス事業者への不満か
ら契約を見直したいと感じていることもあるからで
す。サービス内容が利用者に必要なものである場合
は、ただ解約するのではなく、同種のサービスを提供
する別の事業者を紹介しましょう。利用者が必要とす
る介護や生活支援を受けられなくなることのないよ
う、ケアマネから家族への提案をしていくことが大切
です。

Question 解約の理由が長男によるＡさんの
財産の使い込みの疑いがある場合は？

Answer 気になることを記録し、
チーム支援につなげる

　介護サービスを断る理由は、単に節約するためでは
なく、長男がＡさんのお金を使ってしまい、実際に支
払えない状態になっているから……ということも考え
られます。ただしケアマネは、各家庭の経済状況に深
く踏み込むことはできません。家族による利用者のお
金の管理に関して気になる点がある場合、いちばん大
切なのはきちんと記録しておくこと。その記録をもと

に、所属する事業所経由で地域包括支援センターに報告し、適切な支援につなげていきましょう。

認知症が進み、ケアに関する
本人の希望がわかりにくくなっている場合は？

判断能力がないと思われる場合は
成年後見制度の利用を考える

　認知症が進行している場合、利用者本人の意思確認が難しくなります。それを利用して、長男が利用者のお金を勝手に管理しているような場合は、成年後見制度の利用を勧めましょう。本人に判断能力がない場合は親族が申立てを行います[1]。長男以外の家族と連絡がとれるなら、その他の家族に現状を伝え、成年後見制度の利用を勧めてみましょう。事業所として連絡がとれる身内が他にいない場合は、長男に申立てを勧めることになります。申立ての際、後見人の候補を挙げることはできますが、最終的に選任するのは家庭裁判所です。そのため、仮にお金の使い方に問題がある長男が自分を候補者として申立てを行ったとしても、後見人に選ばれることはないでしょう。

　それ以前に、長男が成年後見制度の利用に賛成しないことも考えられます。その場合は、本人や家族にかわって市区町村長が申立てを行うことができます（首長申立て[2]）。首長申立てが必要と思われる場合は地域包括支援センターに相談し、適切な対応につなげましょう。

1）民法7条、11条、15条

2）老人福祉法第32条。親族がいなかったり、親族がいても遠方に居住していたりする場合にも首長申立てが可能。

**ムロさん
の
支援ポイント**

介護費用の節約を考えている家族には、まず「**自己負担額はサービス利用額の10〜30％**」という介護保険制度の基本を説明します。次に希望するサービスの内容と種類と時間、利用回数を挙げてもらいます。そのうえで「月額として介護に使う金額の目安を教えていただけますか？」と尋ねてみましょう。希望するサービスの種類と量から計算されるおおよその金額と自己負担額（10〜30％）を示します。**自己負担割合と「サービスの全体額」を意識**できれば「0000円は高い！」という印象が「0000円でここまでしてもらえるなんて！」とかわっていくことも多いのです。

case 21 ものを盗まれたと 思い込んでしまう

エピソード

Aさん（80歳・女性：要介護2）は認知症の進行とともに、「もの盗られ妄想」が強くなっている。ヘルパーを犯人だと思い込んでしまうことが多く、「引き出しにしまっておいた大金を盗まれた」「財布からお金を抜かれた」などと訴えることが増えている。本人が否定しても信じようとせず、警察に通報したり近所の人にも「ヘルパーにお金を盗まれた」などと言いふらしたりするようになった。家族はどう対応したらよいのか困っている。

これだけはおさえよう

警察への通報や近所への言いふらしが続くなら
事業者が契約解除する場合も

　福祉サービスの提供のように継続的な契約関係では、利用者と事業者との相互の信頼関係の存在が前提とされます。そのため、利用者と事業者が交わす利用契約書には、「背信行為がある場合」や「契約の継続が困難と認められる信頼関係を壊すような言動がある場合」に契約解除ができる旨が定められているのが一般的です。事業者は福祉的な観点から、継続的に利用してもらえるようにこうした事例に対応する予防的措置をとっていることが多いですが、警察への通報の頻度や内容、近所への言いふらしの内容などによっては、契約解除事由として認められることになるかもしれません。

114

介護スタッフを犯人扱いしてしまう
場合の対処法は？

家族とも相談して
利用するサービスなどの見直しを

「もの盗られ妄想」があると、デイサービスで利用
している事業所など、自宅以外の場所でトラブルを起
こすこともあります。ある程度までは対応が可能で
しょうが、限度を超えると事業所側から受け入れを断
られることもあるかもしれません。事業所側から相談
があった場合、まずはできるだけ早く家族に事情を伝
えましょう。そのうえで、本人や家族と事業所側の話
し合いを設定する、介護サービスの内容を見直す、な
どの対処法を考えます。これまで「もの盗られ妄想」
が見られなかったのなら、早めに受診し、認知症の有
無や進行の度合いを確認しておきましょう。

Q
uestion

警察への通報や近所への言いふらし
が続く場合は？

A
nswer

サービス解除のみならず
刑事責任を問われることも

　たとえ認知症のせいであっても、悪い評判を広めら
れることは、介護スタッフ本人やサービス事業者に
とって大きなダメージになります。そのため、サービ
ス事業者の利用契約書には一般的に次頁のような規定
（下線）が盛り込まれています。警察への通報、近所
への言いふらしが続くような場合、この規定が契約解

除の理由になります。また、他人の社会的評価を下げるようなことを言いふらす行為は、名誉棄損にあたります。言いふらしていることが仮に事実だったとしても名誉棄損は成立し、3年以下の懲役や禁錮、または50万円以下の罰金が課されます[1]。さらに、事実ではないことを言いふらしてサービス事業者などに損害を与えた場合は、業務妨害罪[2]に問われる可能性もあります。Aさんのようなケースでは、実際に逮捕されたり処罰されたりすることはほとんどないでしょう。でも、言いふらす行為は名誉棄損などにあたりかねないことを家族に伝えておくことは、問題意識をもって対処してもらううえで有効かもしれません。

1）刑法230条

2）刑法233条

　あわせて、利用者とその家族のためにも利用者の症状を家族・事業者・近隣住民・地域包括支援センター・警察と共有して事前の対策を立てておくことが重要です。

契約解除の規定例

（契約の終了）
第○条　利用者は、事業者に対して、○○日間の予告期間を置いて文書をもって通知することにより、この契約を解消することができます。ただし、利用者の病変、急な入院などやむを得ない事情がある場合には、予告期間が○○日以内の通知であってもこの契約を解消することができます。

2～3　略

4　次の事由に該当した場合は、事業者は文書で通知することにより、直ちにこの契約を解消することができます。

　　①　利用者のサービス利用料金の支払いが○○日以上遅延し、料金を支払いを催告したにもかかわらず○○日以内に支払われない場合

　　②　利用者が正当な理由なくサービスの中止をしばしば繰り返した場合、または利用者の入院もしくは病気等により、3か月以上にわ

> たってサービスが利用できない状態であることが明らかになった場合
> ③　利用者またはその家族等が事業者やサービス職員または他の利用者に対して本契約を継続し難いほどの背信行為を行った場合
> 5　略

Q uestion

利用者が「家族に盗まれた」と通報した場合に警察から疑われることはあるか？

A nswer

警察がAさんの主張を信じたとしても同居する親族間での窃盗は罪が免除される

　仮に警察官が自宅に来ることがあっても、通報したAさんに認知症による「もの盗られ妄想」があることがわかれば、大ごとにはならないことが多いでしょう。また一部の犯罪には、同居する親族間で行われた場合、刑罰が免除されるルールがあります[1]。これを「親族相盗例」といい、窃盗罪、不動産侵奪罪、詐欺罪)、準詐欺罪)、恐喝罪、背任罪、横領罪に適用されます。親族相盗例における親族の範囲は、①6親等内の血族、②配偶者、③3親等内の姻族。息子の妻は3親等内の姻族にあたるため、仮にAさんの言い分を警察が信じたとしても、処罰される心配はないでしょう。

[1]　刑法244条

ムロさん
の
支援ポイント

「もの盗られ妄想」がある人に、「間違いです！盗っていません！」と主張すると居直り・ひらき直りと勘違いされ逆効果になることも予想されます。一緒に探し、本人の気持ちが切り変わるのを待ちましょう。ヘルパーが疑われるのを避けるため、認知症のある利用者さんのご家族には、もの盗られ妄想が出てきた場合はどのように対応するかを**事前に相談し、いくつかの対応パターンを決めておく**のもよいでしょう。ヘルパーやケアマネは、妄想が表れた時間帯や体調、きっかけとなったことなどを記録し、家族と情報を共有しましょう。

case **22**　同居人がケアプランに
口出ししてくる

エピソード

> 軽い認知症があるAさん（79歳・男性：要支援1）は、半年ほど
> 前から20歳ほど年下の女性・Bさんと同居を始めた。Aさんの収
> 入は年金だけで、Bさんは週に数回パートをしている様子。最近
> Bさんから、デイサービスの利用回数を減らしたいという申し出
> があった。Aさんに確認したところ、「Bさんの言う通りでよい」
> とのこと。でも、Aさんの状態を考慮するとこれまで通り継続し
> て欲しいところ。Aさんが同意している以上、希望通りにするし
> かない？

これだけはおさえよう

介護サービスの契約は
利用者とサービス事業者の間で成り立つ

　どの介護サービスを、どのぐらいの頻度で利用するかは、利用
者とサービス事業者との契約によって決まります。こうした契約
ができるのは、利用者本人だけ。例外として、利用者が成年後見
制度を利用している場合に限って、後見人が利用者にかわって契
約することができます。

　つまりAさんの後見人ではないBさんには、介護サービスの契
約に関わってくる権限はありません。介護サービスは、利用者本
人のためになるものであるべき。契約内容の変更は、Bさんが同
席していないときにAさんの本音を聞いてみるなど、本人の意思
を確認してからにしたほうがよいでしょう。

Question

Bさんにケアプラン作成に
口出しさせないためにできることは？

Answer

成年後見制度を利用して
「保佐人」をつける

　成年後見の対象となるのは、認知症が進むなどして、契約などに必要な「判断能力がない」とみなされる人です。認知症が軽度であり、介護サービスの契約も問題なくこなせるのであれば、Aさんはまだ後見の対象にはならないでしょう。

　でも成年後見制度には、「後見」[1]のほかに「判断能力の不足」が認められれば利用可能な「保佐」[2]「補助」[3]という制度もあります。保佐を行う「保佐人」や補助を行う「補助人」の権限は後見人より小さくなりますが、介護サービスの契約などには本人とともに関わることができます。

　保佐人や補助人をつけるためには、成年後見人を希望するときと同じ手順で家庭裁判所に成年後見の申し立てをする必要があります。その際、申請書や医師の鑑定書の記載などから、裁判官が「後見」「保佐」「補助」のどれに相当するかを判断します。Bさんの干渉を避けたいなら、Aさんの家族と相談し、信頼できる人に法律的な権限をもつ保佐人などになってもらうのが確実です。

1）民法7条

2）民法11条

3）民法15条

Q
uestion

「保佐人」「補助人」には
何ができる？

A
nswer

本人の意思に基づいて
法律行為に関する「同意」や「代理」が可能に

　成年後見人の役割は、「本人にかわって」財産管理
や法律行為（契約など）を行うこと[1]。これに対して
保佐人と補助人には、「本人の意思に基づいて」法律
行為などを行うことが求められます。保佐人と補助人
に与えられる権限は、次の3つです。補助人の場合
は、申し立て時に①②の範囲を決めておく必要があり
ます。

①同意権　法律で決められた範囲内で本人が行う法律
　行為に同意を与える
②代理権　裁判所で決められた範囲内で本人にかわっ
　て法律行為を行う
③取消権　保佐人・補助人の同意なく行った法律行為
　を取り消すことができる

　介護サービスに関する契約は、保佐人に認められて
いる「同意権」に含まれていません。でも、保佐人や
補助人になった人は、家庭裁判所に代理権の付与に関
する申し立てをすることができます。それが認めら
れ、本人の同意も得られれば、保佐人や補助人がAさ
んにかわって介護サービスの契約を行うことができま
す（次頁参照）。

1）民法859条

後見人・保佐人・補助人の違い

	成年後見人	保佐人	補助人
対象となる人	判断能力がない人	判断能力が著しく不十分である人	判断能力が不十分である人
代理権	あり	家庭裁判所が認めた行為に関してのみあり	家庭裁判所が認めた行為に関してのみあり
同意権	なし	法律で認められた行為に関してのみあり	法律で認められた行為に関してのみあり
取消権	あり	あり	あり

保佐人に認められる同意権
　①貸したお金の返済を受けること
　②借金をしたり、保証人になったりすること
　③不動産などの重要な財産を手に入れたり、手放したりすること
　④民事裁判を起こすこと
　⑤贈与をしたり、和解・仲裁の合意をしたりすること（※贈与を受けることは保佐人の同意は不要）
　⑥相続の承認や放棄、遺産分割をすること
　⑦贈与や遺贈を拒否したり、不利な条件の贈与や遺贈を受けること
　⑧新築・改築・増築や大きな修繕を行うこと
　⑨一定の期間を超える賃貸借をすること
◆このほかのことに関しても、家庭裁判所に申し立てを行い、認められれば同意権が得られる。
◆補助人は、上記のうち家庭裁判所が認めたものについてのみ同意権が得られる。

ムロさん
の
支援ポイント

「介護サービスの契約は本人とする」という原則を知らない人は、意外に多いもの。まずはBさんに、ケアプランの変更にはAさんの意思確認が必要であることを伝えます。その後、介護者としてAさんの暮らしをどう支えていきたいのか、Bさんの考えを聞きましょう。話し合いの中で現実的なかかわり方が見えてくることもあり、ケアプランの1・2・3表に役割（担い手）として表記するとケアチームで共有されることになります。利用するサービスを減らした場合は、数カ月間は訪問回数を増やしたり、ケアチームの事業所にも依頼し、生活ぶりを確認するようにしましょう。

---

case **23**　　多額の現金を自宅で管理している

エピソード

　Aさん（76歳・男性：要介護3）宅をモニタリング訪問した際、「たんす預金」が1,000万円近くある、という話を聞かされた。Aさんに認知症はない。Aさんはひとり暮らしで子どもはなく、緊急連絡先は遠方に住む甥になっているが、日常的な交流はない。現金は、鍵のない押入れにしまってあるとのこと。金額が大きいので、安全に管理していけるのか、また万が一、盗難などが起こった場合、Aさん宅に通うホームヘルパーも疑われるのではないか、ということが気になる。

これだけはおさえよう

まずは本人に預金を勧めて。
本人の同意を得ずに身内に連絡するのは避ける

　ひとり暮らしの高齢者の場合、多額の現金を自宅に置いておくことは安全とはいえません。Aさんのケースでは、自宅に現金があることをケアマネに話しているので、他の人にも話している可能性があります。こうした情報が人に知られることは、盗難や詐欺などの被害につながりかねません。

　まずは本人に現金を自宅におくことのリスクを説明し、預金を勧めましょう。ただし、実際に預金するための手続き等にはケアマネが直接関わるべきではありません。利用者ひとりでは手続きが難しい場合は、本人の了承がとれれば身内に連絡してサポートを頼みましょう。本人が身内の手助けを望まない場合は、地域包括支援センターに相談して対処法を考えるとよいでしょう。

Q

uestion

自宅に現金があることを
身内には知らせておくべき？

A

nswer

本人に判断能力があるなら
了承を得てから連絡を

　自分のお金をどう管理するかは、本人が決めるこ
と。リスクを承知したうえで自宅で管理したい、とい
うのならそれを止めることはできません。身内から説
得してもらうのが有効な場合もありますが、そのため
に身内に連絡する場合は、必ず利用者の了承を得てか
らにしましょう[1]。

　利用者の健康や生活に関する問題なら、ケアマネか
ら直接、身内に相談することもあるでしょう。でも財
産に関することは、本人の許可なく話すべきではあり
ません。たとえば、身内に知られたくない財産だから
自宅で管理している、といった可能性もあるからで
す。

1）指定居宅介護支援
　等の人員及び運営
　に関する基準23条
　1項

Q

uestion

判断能力はあるけれど
実際の財産管理は難しそうな場合は？

A

nswer

弁護士に財産管理を
委任する方法もある

　利用者に判断能力があり、預金には同意しているけ
れど自分で対処するのは難しく、さらに身内には頼り
たくない、という場合は、弁護士と「財産管理委任契
約」を結ぶ方法もあります。契約が成立すれば、弁護
士がAさんにかわって銀行口座を開設したり、入出金

したりすることができます。

　財産管理を委任する場合、同時に「任意後見契約」も結ぶことが多くなっています。任意後見契約とは、判断能力が低下した場合、その弁護士を「任意後見人」とする、というものです。任意後見人の役割は、成年後見制度で選任される法定後見人とほぼ同じ。ただし任意後見の場合、判断能力があるうちに契約しておくことができるので、本人の希望にそって生活に関する条件などを指定することが可能です。任意後見契約を結ぶ際は、公証役場に出向き、公正証書をつくる必要があります。

 uestion　利用者宅に多額の現金があることを介護スタッフに伝えてもいい？

 nswer　財産に関する情報を共有することに同意してもらってからのほうがよい

　トラブルを防ぐためにも、Aさん宅に多額の現金があることは介護に関わるスタッフに知らせておくべき。ただし、財産に関する情報をスタッフ間で共有することに関しては、書面で利用者の同意を得ておきましょう。

　介護関連の事業者は個人情報保護法の対象であるため、契約の際、個人情報の使い方に関する同意が得られているはずです[1]。ただし財産に関することについては、介護サービスの提供に必要な情報といえるかどうかが微妙。人の生命や身体、財産を守るために情報が必要な場合は、本来の利用目的と違う使い方をすることも認められていますが[2]、Aさんのような例がこ

1）個人情報保護法18条

2）個人情報保護法17条

れにあたるかどうかも判断が分かれる可能性があります。万が一の場合に備えて、下記のような同意書を作成しておくと安心です。

財産に関する情報共有の同意書（例）

> 自宅内にある財産についてサービス担当者会議で情報共有することに同意します。
>
> 20××年×月×日
> 東京都新宿区××町1-2-3
> 田中一郎　印

同意書はケアマネが作成したものでよい。日付、住所、利用者の署名は自筆で記入してもらう。

Q
uestion

認知症を発症し、
お金の管理が難しくなった場合は？

A
nswer

成年後見制度の
利用を検討しましょう

　認知症が進行し、「たんす預金」のリスクを理解せずに現金を手元においている場合は、成年後見制度の利用を勧めましょう。Aさんのように近親者が遠方に住んでいる場合は、本人や親族にかわってAさんの居住地の市区町村長が申立てを行う「首長申立て」を行うこともできます[1]。首長申立てを行う際は、自宅に現金があることを担当の係官などに伝えておきます。この場合は、「Aさんの財産を守るために必要」であり、「同意を得るのが困難」とみなされるため、本人の同意を得ずに情報を共有することが許されます[2]。

1）老人福祉法32条

2）個人情報保護法17
　条2項

126

Q
uestion

ひとり暮らしで認知症が進んできた場合、
お金を安全に管理する方法はある？

A
nswer

判断能力がおとろえてきた人のために
金銭管理をサポートする制度がある

　認知症が進行すると、適切なお金の使い方ができな
くなってくることがあります。同居の家族がいれば手
助けが得られますが、ひとり暮らしの場合、親族に言
われるままにお金を与えてしまうなど、お金の使い方
に関する判断を誤ることも考えられます。

　地域の社会福祉協議会では、認知症などで判断能力
が十分ではない人が自立した生活を送るためのサポー
トをする「日常生活自立支援事業」を行っています。
利用者さん本人との契約に基づき、福祉サービスに関
する情報提供や手続きの援助、預貯金への入出金の代
理・代行をはじめとする日常的な金銭管理、重要書類
の預かりサービスなどを提供するものです。認知症が
あっても、契約内容を理解する判断能力があれば契約
は可能です。必要に応じて、利用を勧めてみてもよい
のではないでしょうか。

ムロさん
の
支援ポイント

自宅で多額の現金を管理するのは危険ですが、現金を手元におくことで心が落ち着く……という人もいます。「危ないから預金するべき」という考え方は、唯一の正解ではありません。こうした場合、正面から説得するより、**本人が「その気になる」ようなアプローチ**を検討してみましょう。高齢者を狙った「オレオレ詐欺」「点検強盗」「アポ電強盗」や悪質訪問販売などをさりげなく話題にし、関連する新聞記事や警察・行政の資料を渡す、などの工夫が効果的かもしれません。

おわりに

　子供の頃の思い出に、いとこたちが「○○のお爺ちゃんにヒョウタンの水筒
もらった。そのお爺ちゃん、すごいとよ！　すっごい大きいヒョウタンの水筒
とか、いっぱい作りようとよ！」と言っているのを、とてもうらやましく聞い
ていたことがあります。学校の夏休みや冬休みのたびに祖父母の家で一緒に兄
弟のように遊んだいとこたちには、たくさんのおじいちゃん・おばあちゃんが
いて、夏祭りや誕生会など楽しそうな行事がたくさんあって、首都圏の郊外に
両親と暮らし、近くにお年寄りのいなかった私は「なんて楽しそうな所に住ん
でるんだろう！」とうらやましく思っていました。

　いとこの家は、そう、老人ホームを営んでいたのです。

　叔父が経営するその社会福祉法人は福岡県にあり、今では有料老人ホーム、
軽費老人ホームＡ型、ケアハウス、特別養護老人ホームの入居施設（ショート
ステイ含む）と各種居宅サービスを有する総合的な高齢者福祉サービスを提供
する法人になり、今では、私のいとこたちが施設長などの責任ある立場となっ
て経営されています。私も仲良くしているいとこの奥さんはケアマネさんで
す。

　平成12年４月に介護保険制度が開始されることによって、これまで以上に社
会福祉施設のコンプライアンスが重要になるとして、私が弁護士登録をした平
成18年に、叔父はその設立当初から深く関わっている一般社団法人全国軽費老
人ホーム協議会（全軽協）に私を紹介してくれました。

　この全軽協で、私は全国の軽費老人ホーム（ケアハウス）の施設長・理事長
の知見を得、さらには、全国社会福祉法人経営者協議会（経営協）、公益社団
法人全国老人福祉施設協議会（老施協）にも紹介していただきました。

　これまでそれらのご縁で、全軽協、経営協、老施協で各種講演、パネルディ
スカッション、ケアハウスの制度設計に関する法律アドバイスなどを行わせて
いただいてきました。

　また、これまでいくつか高齢者福祉に関する本の出版をしてきましたが、そ
れらを使っての講義を多くの県の社会福祉協議会や法人、施設から依頼してい

ただきました。

　この本が刊行される令和 3 年は、私が弁護士登録をして15年目となる年です
が、この15年の間、ずっと離れずに携わっているのが高齢者福祉なのです。

　本書は、「もっと福祉の現場に寄り添いたい」、「高齢者福祉の最前線に立つ
ケアマネジャーの助けになりたい」、「すぐに役立つ実践的な本を作りたい」と
の思いから、じっくりと時間をかけて、ケアマネジャーが相談されて困惑する
場面、高齢者や家族に説明するのが難しい問題など、ケアマネジャーが直面す
るであろうトラブル事例を考えて構成しました。ケアタウン総合研究所の高室
成幸先生、小林直哉氏、第一法規の名倉亮子氏・小倉朋子氏・吉田理緒子氏、
ライターの野口久美子氏のご協力、ご尽力がなければ到底なし得ないことでし
た。15年という節目の年に、このような多くの方々のご協力を得て本書を刊行
できることに感謝しております。

令和 3 年 9 月吉日

弁護士　真下　美由起

著者紹介

真下　美由起（ましも　みゆき）
弁護士。伊井・真下法律事務所。神奈川県鎌倉市生まれ。早稲田大学政治経済学部政治学科卒。2006年に弁護士登録（東京弁護士会所属）、伊井和彦法律事務所に入所。介護・福祉関係の各種団体において法律アドバイスや多くの講演活動や研修会を行う。著書に『悩み解消ケアマネジャーのための成年後見29事例』（筒井書房、2014年）など。

高室　成幸（たかむろ　しげゆき）
ケアタウン総合研究所代表。京都市生まれ。日本福祉大学社会福祉学部社会福祉学科卒。全国の都道府県・市町村職員、ケアマネジャー団体、地域包括支援センター、施設リーダー職員・施設長、社会福祉協議会を対象にケアマネジメント、質問力、文章力、モチベーションから高齢者虐待、リスクマネジメント、施設マネジメントまで幅広いテーマで研修講師を行う。著書に『ケアマネ・福祉職のためのモチベーションマネジメント』（中央法規、2020年）、『本人を動機づける介護予防ケアプラン作成ガイド』（共著、日総研出版、2019年）など著書多数。

サービス・インフォメーション
───── 通話無料 ─────

①商品に関するご照会・お申込みのご依頼
　　　　TEL 0120（203）694／FAX 0120（302）640
②ご住所・ご名義等各種変更のご連絡
　　　　TEL 0120（203）696／FAX 0120（202）974
③請求・お支払いに関するご照会・ご要望
　　　　TEL 0120（203）695／FAX 0120（202）973

●フリーダイヤル（TEL）の受付時間は、土・日・祝日を除く
　9：00〜17：30です。
●FAXは24時間受け付けておりますので、あわせてご利用ください。

あるある事例を徹底解説！　弁護士が教える
ケアマネのための高齢者生活トラブル対応・予防のポイント

2021年11月10日　初版発行

著　者　真　下　美由起
編集協力　高　室　成　幸
発行者　田　中　英　弥
発行所　第一法規株式会社
　　　　〒107-8560　東京都港区南青山2-11-17
　　　　ホームページ　https://www.daiichihoki.co.jp/
協　力　野　口　久美子

ケアマネトラブル　ISBN978-4-474-07622-8　C2036（4）